Felix S. Friedrich

Latein in 3 Wochen
Ein Schnellkurs

F. S. FRIEDRICH VERLAG

Gedruckt auf umweltfreundlichem Papier.

Besuchen Sie uns im Internet:
www.fsf-verlag.de

2. Auflage

© 2008 by F. S. Friedrich Verlag, Frankfurt

Umschlagbild: Lars Halbauer
Abbildungen siehe Abbildungsverzeichnis.
Lektorat: Wolf Lettmayer, A-Bad Gleichenberg
Rätsel: Beat Hüppin, CH-Wangen
Zeichnungen: Oliver Weiss, Grassau

Printed in the EU

ISBN: 978-3-937446-40-0

Inhaltsverzeichnis

Inhaltsverzeichnis

Abkürzungen

Abl. – Ablativ	Nom. – Nominativ
Abl. abs. – Ablativus absolutus	Obj. – Objekt
AcI – Accusativus cum Infinitivo	Pass. – Passiv
Adj. – Adjektiv	Pc – Participium coniunctum
Adv. – Adverb	Per. – Person
Akk. – Akkusativ	Perf. – Perfekt
Akt. – Aktiv	PFA – Partizip Futur Aktiv
Dat. – Dativ	Pl. – Plural
Dekl. – Deklination	Plqmperf. – Plusquamperfekt
Dep. – Deponens	PPA – Partizip Präsens Aktiv
f. – Femininum	PPP – Partizip Perfekt Passiv
Fut. – Futur	Präd. – Prädikat
gem. – gemischt	Präp. – Präposition
Gen. – Genitiv	Präs. – Präsens
Imp. – Imperativ	Pron. – Pronomen
Imperf. – Imperfekt	S. - Seite
Ind. – Indikativ	s. – siehe
Inf. – Infinitiv	Semidep. – Semideponens
KNG – Kasus, Numerus, Genus	Sg. – Singular
Konj. – Konjunktiv/Konjugation	sog. – sogenannt(e/r)
kons. – konsonantisch	Subj. – Subjekt
m. – Maskulinum	vgl. – vergleiche
n. – Neutrum	Vok. – Vokativ
NcI – Nominativus cum Infinitivo	z. B. – zum Beispiel

Abbildungsverzeichnis

Da es sich beim größten Teil der Abbildungen um Fotos aus der Wikipedia (http://de.wikipedia.org) handelt, sind diese mit einem Link zu den jeweiligen Urheberrechtsinformationen versehen, damit, die Schnelllebigkeit des Internets im Hinterkopf behaltend, stets aktuelle Informationen zu den Bildern verfügbar gemacht werden können. Nicht mit Quelle benannte Bilder stammen aus dem Archiv. Die Zahl in Klammern steht für die entsprechende Seitenzahl.

(8) Duenos: http://de.wikipedia.org/wiki/Bild:Duenos_inscription.jpg; Latium: http://commons.wikimedia.org/wiki/Image:Latium_in_Italien.png; Dokument: http://de.wikipedia.org/wiki/Bild:Forum_inscription.jpg; **(12)** Trajanssäule; Foto von Rolf Süßbrich: http://commons.wikimedia.org/wiki/Image:Italien_Rom_Trajansaeule_sb1.JPG; **(13)** Denar des Septimius Severus; mit freundlicher Genehmigung von „CNG coins" (www.cngcoins.com); **(15)** Karte: http://commons.wikimedia.org/wiki/Image:Roemischeprovinzentrajan.png; **(17)** Paar: http://commons.wikimedia.org/wiki/Image:Pompeii-couple.jpg; **(18)** Familie; gezeichnet von Oliver Weiss; Familie unten: http://commons.wikimedia.org/wiki/Image:Galla_Placidia_(rechts)_und_ihre_Kinder.jpg; **(19)** Via Sacra: http://commons.wikimedia.org/wiki/Image:Ct-viasacra1.jpg; **(20)** Münze: © Heinz-Joachim Krenzer http://commons.wikimedia.org/wiki/Image:037_Marcus_Aurelius.jpg; **(21)** SPQR: http://commons.wikimedia.org/wiki/Image:Spqrstone.jpg; **(24)** Zeichnung: Oliver Weiss; **(25)** Mädchen: http://commons.wikimedia.org/wiki/Image:Roman_statue_of_girl_playing_astragaloi_14_aC.jpg; Damen: http://commons.wikimedia.org/wiki/Image:Casale_Bikini.jpg; **(30)** Seneca: http://commons.wikimedia.org/wiki/Image:Seneca.jpg; **(31)** Palaestra: http://commons.wikimedia.org/wiki/Image:Pompeji_great_palaestra2.jpg; **(32)** Zeichnungen: Oliver Weiss; **(36)** Bäckerei: http://commons.wikimedia.org/wiki/Image:Baeckerei_pompeji_kampanien_italien.jpg; **(37)** Karte Fora: http://commons.wikimedia.org/wiki/Image:Map_of_downtown_Rome_during_the_Roman_Empire_large.jpg; **(38)** Titus-Bogen: http://commons.wikimedia.org/wiki/Image:ImageRomeArchofTitus02.jpg; Forum Romanum: © Carla Tavares: http://commons.wikimedia.org/wiki/Image:Tavares.Forum.Romanum.redux.jpg; **(39)** Zeichnung: Oliver Weiss; Schale: © by media Verlagsgesellschaft mbh; **(49)** © by Arturo Mann; **(50)** Saturn-Tempel: http://commons.wikimedia.org/wiki/Image:Roma-tempio_di_saturno.jpg; **(51)** Domus Augustana: http://commons.wikimedia.org/wiki/Image:RomaPalatinoDomusAugustanaCortileInferiore.JPG; **(55)** Caesar: http://commons.wikimedia.org/wiki/Image:Hw-caesar.jpg; Cicero: http://commons.wikimedia.org/wiki/Image:CiceroBust.jpg; Hannibal: http://commons.wikimedia.org/wiki/Image:Bust_of_Hannibal.jpg; **(56)** Domus Augustana: http://commons.wikimedia.org/wiki/Image:RomaPalatinoDalCircoMassimo.jpg; **(67)** Wölfin: http://commons.wikimedia.org/wiki/Image:She-wolf_suckles_Romulus_and_Remus.jpg; **(69)** Illustration: © by media Verlagsgesellschaft mbh; **(74)** Abacus: http://commons.wikimedia.org/wiki/Image:RomanAbacusRecon.jpg; **(80)** Augustus: http://commons.wikimedia.org/wiki/Image:Aug11_01.jpg; **(85)** Gladiatorenkampf http://commons.wikimedia.org/wiki/Image:Secutor-Retirarius.JPG; **(86)** Gladiator: http://commons.wikimedia.org/wiki/Image:Jean-Leon_Gerome_Pollice_Verso.jpg; **(87)** © Heinz-Joachim Krenzer; Caligula: http://commons.wikimedia.org/wiki/Image:011_Caligula.jpg; **(90)** As des Hadrian; © by CNG Coins, www.cngcoins.com: http://commons.wikimedia.org/wiki/Image:As-Hadrian-Aegyptus-RIC_0839,As.jpg; **(91)** Thermen: http://commons.wikimedia.org/wiki/Image:Pompeji_Terme_Stabiane_Apodyterion.jpg; **(92)** Illustration: © by media Verlagsgesellschaft mbh; **(95)** Illustration: © by media Verlagsgesellschaft mbh; **(100)** Tiberius: http://commons.wikimedia.org/wiki/Image:Tiberius_NyCarlsberg01.jpg; **(101)** Colosseum (außen): © 2004 by Andreas Tille; **(102)** Colosseum (innen): http://commons.wikimedia.org/wiki/Image:Colosseum.jpg; **(103)** Lapis niger: http://commons.wikimedia.org/wiki/Image:Lapis-niger.jpg; **(107)** Erschaffung: http://commons.wikimedia.org/wiki/Image:Creation_of_Adam.jpg; **(109)** Cantus: http://commons.wikimedia.org/wiki/Image:Mühlberg_-_Cantus.jpg; **(110/111)** Pantheon: © by Stefan Bauer: http://commons.wikimedia.org/wiki/Image:Einblick_Panorama_Pantheon_Rom.jpg; **(112)** Denar des Nero (*Heinz-Joachim Krenzer*): http://de.wikipedia.org/wiki/Bild:014_Nero.jpg; **(113)** Pompejianer: http://commons.wikimedia.org/wiki/Image:Pompeii_Garden_of_the_Fugitives_02.jpg; **(114)** Vesuvausbruch: http://commons.wikimedia.org/wiki/Image:Pompeii_the_last_day_1.jpg; **(119)** Schule von Athen: http://commons.wikimedia.org/wiki/Image:Raffael_058.jpg; **(120/121)** Carmina Burana: http://de.wikipedia.org/wiki/Bild:CarminaBurana_wheel.jpg; **(122)** Illustration: © by media Verlagsgesellschaft mbh; **(123)** Testudo: http://de.wikipedia.org/wiki/Bild:Schilddach_Testudo_Relief_Antoniussaeule.png; **(124)** Hadrian: http://commons.wikimedia.org/wiki/Image:Hadrien-ven.JPG; **(125)** Hannibal: http://commons.wikimedia.org/wiki/Image:Hannibal3.jpg; **(127)** Ruinen: http://commons.wikimedia.org/wiki/Image:Ruines_de_Carthage.jpg; **(130)** Vercingetorix: http://commons.wikimedia.org/wiki/Image:Statue_Vercingetorix_Alesia.jpg; **(131)** Unbekannter Mann (Fotograf: Massimo Finizio): http://commons.wikimedia.org/wiki/Image:Seleuco_I_Nicatore.JPG; **(132)** Gallien: http://commons.wikimedia.org/wiki/Image:MapGalliaParts.png; **(139)** Unbekannter Mann (Fotograf: Massimo Finizio): http://commons.wikimedia.org/wiki/Image:Old_man.JPG; **(140/141)** Senat: http://commons.wikimedia.org/wiki/Image:Senat_rom.jpg; **(142)** Tiberius: http://commons.wikimedia.org/wiki/Image:Tiberius_Capri_Louvre_Ma1248.jpg; **(145)** Straße in Pompeji; © by Thomas Möllmann: http://commons.wikimedia.org/wiki/Image:Pompeji-Strasse_mit_Zebrastreifen.jpg; **(146)** Gladiatorensicht: http://commons.wikimedia.org/wiki/Image:PompeijZirkus.jpg; **(149)** Klasse: gezeichnet von Oliver Weiss; **(151)** Straße: http://commons.wikimedia.org/wiki/Image:PompeiiStreet.jpg.

Vorwort

Liebe Leserin,
lieber Leser,

der Kauf dieses Buches lässt vermuten, dass du dich in Latein verbessern oder es gar *»ab ovo«* (von Beginn an) lernen möchtest. Meinen Glückwunsch hierzu. Wenngleich auch dieses Lehrwerk eine ausreichende Motivation und einen entsprechenden Lerneinsatz erfordert, habe ich doch versucht, es möglichst verständlich (d. h. unnötige Fachbegriffe vermeidend) zu schreiben und damit schnell große Lernfortschritte zu ermöglichen.

Der Aufbau der einzelnen Lektionen ist konsequent nach Lernschritten geordnet. Es wird zunächst die Grammatik aufgeführt. Vor den einzelnen Übungstexten ist das entsprechende Lernvokabular gegeben (zum Lernen <u>und</u> Wiederholen). Am Kapitelende werden stets Wiederholungsübungen angeboten, damit das gerade Gelernte nicht prompt vergessen wird. Du findest die Lösungen bzw. Musterübersetzungen zu sämtlichen Texten und Übungen im Anhang.

Nun wünsche ich dir die nötige Motivation, viel Erfolg und nach Möglichkeit auch etwas Spaß beim Lernen!

Felix Friedrich
Frankfurt am Main im März 2007

<u>PS:</u> Es empfiehlt sich, bereits von Anfang an eine Grammatik und ein Wörterbuch in der Hinterhand zu haben, um evtl. unbekannte Wörter bzw. Formen schnell und problemlos nachschlagen zu können. Die Tabellen der unregelmäßigen Verben, auf die in den Lektionen selbst nicht näher eingegangen werden konnte, findest du im Anhang.

<u>PPS:</u> Ich würde mich über dein Feedback, ob Kritik, Verbesserungsvorschläge oder vielleicht sogar Lob, sehr freuen. Die Kontaktdaten findest du auf www.fsf-verlag.de – vielen Dank.

Einleitung

Die lateinische Sprache

Latein – das war zunächst lediglich die Sprache der **Latiner**, eines kleinen **italischen Stammes**, welcher in **Latium** (Gebiet um Rom, italienisch: Lazio) siedelte.

Rom war in seinen Anfängen noch eine **bäuerliche Kleinstadt** und stieg erst Jahrhunderte später zur **Weltmacht** auf. Mit der Ausbreitung des Römischen Reiches (*Imperium Romanum*) breitete sich naturgemäß auch die lateinische Sprache (*lingua Latina*) aus. Wenngleich Latein als „tote Sprache" gilt, lebt es noch immer in den **romanischen Sprachen** (z. B. Italienisch, Spanisch und Französisch) fort – Latein selbst wird zur **indogermanischen Sprachfamilie** gezählt.

Die ältesten noch erhaltenen schriftlichen Zeugnisse reichen bis in die Mitte des 1. Jahrtausends v. Chr. hinein und lassen große Veränderungen innerhalb der lateinischen Sprache erkennen, da sich dieses sog. **Altlatein** empfindlich von dem in der Schule und an der Universität gelehrten „klassischen Latein" unterscheidet – vor allem in Hinsicht auf Schreibung und Vokabular.

Lage Latiums in Italien.

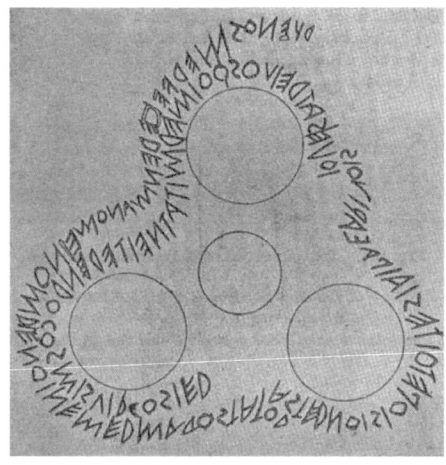

Die sog. Duenos-Inschrift, altlateinisch; gefunden auf einer Vase in Rom

Das älteste erhaltene lateinische Dokument.

Latein im Wandel
- altlateinische Periode: ca. 240 v. Chr. – ca. 100 v. Chr.
- klassische Periode („Goldene Latinität"): ca. 100 v. Chr. – ca. 14 n. Chr.
- nachklassische Periode („Silberne Latinität"): ca. 14 n. Chr. – ca. 200 n. Chr.
- spätantike Periode: ca. 200 n. Chr. – ca. 800 n. Chr.
- Mittellatein: ca. 800 n. Chr. – ca. 1350 n. Chr.
- Humanisten- und Neulatein: ca. 1350 – heute

Die Literatur der **klassischen Periode** brachte, vor allem wegen der Werke *Caesars* und *Ciceros*, das „**beste**" **Latein** hervor. Dieses Prädikat bezieht sich vor allem auf ihren **Stil**, vergleichbar mit den deutschen Schriftstellern wie Goethe und Co.
Auf dem Weg zum Latinum beschäftigt man sich deshalb fast ausschließlich mit klassischem Latein. Es darf jedoch nicht vergessen werden, dass dieses Latein selbst damals eine hochstilisierte **Kunstsprache** war – kein Römer sprach auf der Straße derart lange und komplizierte Sätze, wie man sie in Ciceros Reden findet.

Alphabet & Schrift
Bis zum Ende der Republik bestand das lateinische Alphabet aus **21 Buchstaben**. Erst in der Augusteischen Zeit kamen die aus dem Griechischen entlehnten Buchstaben Y und Z hinzu. Nun ergab sich folgendes Bild:

A, B, C, D, E, F, G, H, I, K, L, M, N, O, P, Q, R, S, T, V, X, Y, Z

Sowohl für den Buchstaben »U« als auch für den Buchstaben »V« verwendete der Römer nur einen, das »V«. Des Weiteren bestand die lateinische Schrift zunächst nur aus Majuskeln (Großbuchstaben).

Beispiel:
> Non vitae, sed scholae discimus. » NON VITAE, SED SCHOLAE DISCIMVS.

Um noch genauer zu werden: Die **Worttrennung** war **unbekannt** bzw. wurde nur ungenau durchgeführt (Punkte, ähnlich unserem Malzeichen, wurden zwischen die Wörter gesetzt), so dass sich folgendes Bild ergab:

Also:
> NONVITAESEDSCHOLAEDISCIMVS bzw. NON·VITAE·SED·SCHOLAE·DISCIMVS

Erst später wurden die Minuskeln (Kleinbuchstaben) eingeführt, die den privaten Schriftverkehr (Majuskeln wurden bei der Beschriftung von Stein und anderen harten Materialen benutzt) vereinfachten und noch in heutigen Lateinbüchern verwendet werden.

> Non vitae, sed scholae discimus.

Einleitung

Einen besonders starken Einfluss übte die **altgriechische Sprache** auf das Lateinische aus, da erst durch die politische und kulturelle „Vorarbeit" Griechenlands *cultus* und *humanitas* (höhere Bildung) in das bäuerliche Rom Einzug finden konnten. Auch das lateinische Alphabet, welches noch heute in den westlichen Ländern – anders als die römischen Zahlzeichen – gebraucht wird, verdanken wir den Alten Griechen. Direkteres Vorbild für die lateinischen Buchstaben war jedoch das Alphabet der **Etrusker** (italischer Stamm), die ihre Zeichen jedoch wiederum aus dem Griechischen heraus entwickelten.

Betonung

Zweisilbige Wörter werden
> auf der *vorletzten Silbe* betont: dábas, sérvus, íbi, rébus, clámor, úxor

Drei- und mehrsilbige Wörter werden
> auf der *vorletzten Silbe* betont, wenn diese *lang* ist: calóris, laborámus
> auf der *drittletzten Silbe* betont, wenn die *vorletzte kurz* ist: néscio, mármoris

Ausnahmen:
Die Betonung verschiebt sich, wenn -que dem Wort angefügt wird: omnésque. Bei sehr wenigen zweisilbigen Wörtern richtet sich die Betonung etymologisch bedingt nicht nach der oben genannten Regel.

Für die Längen der Silben gilt Folgendes:
> *Diphthonge* sind immer lang: m**ae**stus, C**ae**sar, pr**oe**lium
> Naturlängen sind nicht zu erschließen und müssen daher nachgeschlagen werden: amīcus, festīvus, Carthāgo, invītus

Alle anderen Silben sind kurz.

Wie spreche ich Latein aus?

Zur Aussprache genügen dir für den „Hausgebrauch" folgende Grundregeln:
1. Sprich „c" als „k"
2. Sprich „s" scharf als „ß"
3. Sprich **Diphthonge** (Doppelvokale; ae, oe und eu) stets **getrennt** aus (a-e, o-e, e-u)
4. Sprich auch „ph" getrennt (p^h)
5. Sprich das „v" als englisches „w", also wie ein „u" (venire = uenire)
6. Sprich **Doppelkonsonanten** (z. B. „ll" oder „tt") **lang**
7. Sprich „i" vor Vokalen als „j" (z. B. iacere = jakere)

Das war's auch schon. Versuche dich nun zur Übung an der Lautschrift-Aufgabe. Viel Erfolg!

1. Aufgabe:

a) provincia   *prowinkia* _____

b) qui, quae, quod   _____

c) mercator   _____

d) iam   _____

e) cultus   _____

f) contendere   _____

g) reliquas   _____

h) atque   _____

i) proelium   _____

j) Caesar   _____

Du fragst dich vielleicht gerade, warum du „Caesar" im Deutschen „Zäsar" sprichst, nun aber plötzlich „Ka-esar" sagen sollst. Im deutschen Sprachgebrauch wie auch bei Historikern gilt die Aussprache mit „z", also z. B. „Zäsar" oder „Zizero" (für Cicero). In der Antike zur Zeit Caesars und Ciceros wurde allerdings nach aktuellem wissenschaftlichen Stand nach eben den o. g. Regeln gesprochen, welche sich inzwischen auch auf Schul- und Universitätsebene durchgesetzt haben.

Du kannst dir viele lateinische Wörter aufgrund von Ähnlichkeiten im Deutschen ableiten. Probier's aus und staune!

2. Aufgabe

a) insula   *Insel* _____

b) colonia   _____

c) natura   _____

d) provincia   _____

e) barbarus   _____

f) Roma   _____

g) Sicilia   _____

h) Italia   _____

i) Germania   _____

j) Athenae   _____

k) bestia   _____

l) elephantus   _____

m) familia   _____

n) monumentum   _____

o) templum   _____

p) forum   _____

q) statua   _____

r) athleta   _____

s) pirata   _____

t) disciplina   _____

u) philosophia   _____

v) poeta   _____

w) textus   _____

x) dialogus   _____

y) bibliotheca   _____

z) biblia   _____

Trajanssäule

Na, das war doch gar nicht so schwer, oder? ;-)
Jetzt bist du fit für die erste Lektion.

1. Lektion

Du hast dich dazu entschlossen, das Projekt „Latein in 3 Wochen" in Angriff zu nehmen. Meinen Glückwunsch hierzu. Lass uns am besten gleich beginnen, damit wir nicht unnötig Zeit verlieren.

Grammatik-Grundlagen

Das Lateinische kennt **keine Artikel** (der, die, das; ein, eine); es ist eine **Endungssprache**, d. h. durch Veränderung der Endungen werden die **Fälle** (lat.: **Kasus**) gebildet:

Die Fälle:
Nominativ: wer? was?
Genitiv: wessen?
Dativ: wem?
Akkusativ: wen? was?

Außerdem kennt das Lateinische einen weiteren Kasus, den **Ablativ**, der auf Fragen wie *wo? wann? wodurch? womit? wovon? woher?* steht.

Ein **vollständiger Satz** muss mindestens **Subjekt** und **Prädikat** enthalten.

Dürfte eigentlich alles klar sein, oder? Nach dieser grammatikalischen Einleitung musst du dir natürlich vor dem Lesen deines ersten lateinischen Textes die Vokabeln anschauen:

Eigennamen
Africa (Afrika), *Carthago* (Karthago), *Europa* (Europa), *Gallia* (Gallien), *Germania* (Germanien), *Graecia* (Griechenland), *Italia* (Italien), *Rhenus* (der Rhein), *Roma* (Rom), *Sicilia* (Sizilien), *Sparta* (Sparta).

Denar des Septimius Severus

1. Lektion

Lernwörter

autem	aber; jedoch	
de *(Präp. m. Abl.)*	von; über	
esse, est, sunt	sein; er, sie, es ist; sie sind	
et	und; auch	**F:** et
flumen, -inis n.	Fluss	
in *(Präp. m. Abl.)*	in; auf	„in"
insula, -ae f.	Insel	„Insel"
non	nicht	**(F:** non)
oppidum, -i n.	(Klein-)Stadt	
quid?	was?	
quoque	auch	
sed	sondern; aber	
ubi?	wo?	
urbs, urbis f.	(Groß-)Stadt	urban
	(häufig ist Rom gemeint)	

Text 1: Dē Rōmā et Italiā

Rōma urbs est. Urbs Rōma in Italiā est. Italia in Eurōpā est. Germānia quoque in Eurōpā est. Italia et Germānia in Eurōpā sunt. Graecia quoque in Eurōpā est. Italia, Germānia et Graecia in Eurōpā sunt. Gallia quoque in Eurōpā est. Italia, Germānia, Graecia et Gallia in Eurōpā sunt.

Carthāgō urbs est. Urbs Carthāgō in Āfricā est. Carthāgō nōn in Eurōpā est. Carthāgō nōn in Eurōpā, sed in Āfricā est. Italia autem in Āfricā nōn est. Italia in Eurōpā est. Ubi est Italia? Italia in Eurōpā est. Ubi Germānia et Gallia sunt? Germānia et Gallia in Eurōpā sunt. Ubi est Carthāgō? Carthāgō nōn in Eurōpā, sed in Āfricā est.

Quid est Britannia? Britannia īnsula est. Quid est Sicilia? Sicilia quoque īnsula est. Britannia et Sicilia īnsulae sunt. Ubi Britannia et Sicilia sunt? Britannia et Sicilia in Eurōpā sunt.

Quid est Sparta? Sparta oppidum est. Ubi est Sparta? Sparta in Graeciā est. Quid est Rhēnus? Rhēnus flūmen est. Ubi Rhēnus est? Rhēnus in Eurōpā est.

Ich denke, der Text war leicht verständlich und gut als Einstieg geeignet. Auf der übernächsten Seite findest du die wichtigen Formen für diese erste Lektion. Lass dich nicht abschrecken. Schau sie dir in Ruhe an und lies dann die Erklärungen auf Seite 17 durch. Keep cool! Zunächst aber das Wichtigste zum Römischen Reich...

Quickinfo: Das Imperium und seine Provinzen

Der Begriff *Imperium Romanum* (dt.: Römisches Reich) bezeichnet das von den Römern beherrschte Gebiet – natürlich einschließlich der Stadt Rom. Von Beginn an war die römische Kriegsführung **expansiv** (d. h. vergrößernd) angelegt, so dass viele **Völker unterworfen** bzw. zu sog. **Bundesgenossen** ernannt wurden. Diese führten später an der Seite der römischen Soldaten Krieg gegen andere Völker.
Das Imperium erlangte zur Zeit **Kaiser Trajans** (vgl. Karte) seine größte Ausdehnung. Durch die „Romanisierung" verbreitete sich auch die lateinische Sprache und lebt heute in den **romanischen Sprachen** (z. B. Italienisch, Französisch, Spanisch und Rumänisch) fort. Auf der Karte erkennst du auch, dass ein großer Teil Englands bzw. Britanniens zum Römischen Reich gehörte. Noch heute sind die lateinischen Spuren im Englischen unübersehbar: rund die Hälfte des englischen Wortschatzes ist lateinischen Ursprungs.
Unter römischer „Regierung" erblühten **Handel** und **Kultur** – auch die allgemeine **Lebensqualität** dieser Periode wurde erst Jahrhunderte später wieder erreicht.

Neben der lateinischen Sprache prägte das römische **Rechts- und Staatssystem** das Imperium, weshalb angehende **Juristen** mehr oder minder umfangreiche Lateinkenntnisse benötigen.

Häufig wird der Einfluss Roms damals mit dem der **USA** heute verglichen.

1. Lektion

amīca, -ae f. - die Freundin

1.

	Singular	Plural
Nominativ	amīc-**a** *(die Freundin)*	amīc-**ae** *(die Freundinnen)*
Genitiv	amīc-**ae** *(der Freundin)*	amīc-**ārum** *(der Freundinnen)*
Ablativ	(ab) amīc-**ā** *((von) der Freundin)*	(ab) amīc-**īs** *((von) den Freundinnen)*

amīcus, -i m. - der Freund

2.

	Singular	Plural
Nominativ	amīc-**us** *(der Freund)*	amīc-**ī** *(die Freunde)*
Genitiv	amīc-**ī** *(des Freundes)*	amīc-**ōrum** *(der Freunde)*
Ablativ	(ab) amīc-**ō** *((vom) Freund)*	(ab) amīc-**īs** *((von) den Freunden)*

puer, -eri m. - der Junge

	Singular	Plural
Nominativ	puer *(der Junge)*	puer-**ī** *(die Jungen)*
Genitiv	puer-**ī** *(des Jungen)*	puer-**ōrum** *(der Jungen)*
Ablativ	(a) puer-**ō** *((vom) Jungen)*	(a) puer-**īs** *((von) den Jungen)*

templum, -i n. - der Tempel

	Singular	Plural
Nominativ	templ-**um** *(der Tempel)*	templ-**a** *(die Tempel)*
Genitiv	templ-**ī** *(des Tempels)*	templ-**ōrum** *(der Tempel)*
Ablativ	(a) templ-**ō** *((vom) Tempel)*	(a) templ-**īs** *((von) den Tempeln)*

senātor, -ōris m. - der Senator

3.

	Singular	Plural
Nominativ	senātor *(der Senator)*	senātōr-**ēs** *(die Senatoren)*
Genitiv	senātōr-**is** *(des Senators)*	senātōr-**um** *(der Senatoren)*
Ablativ	(a) senātōr-**e** *((vom) Senator)*	(a) senātōr-**ibus** *((von) den Senatoren)*

tempus, -oris n. - die Zeit

	Singular	Plural
Nominativ	tempus *(die Zeit)*	tempor-**a** *(die Zeiten)*
Genitiv	tempor-**is** *(der Zeit)*	tempor-**um** *(der Zeiten)*
Ablativ	tempor-**e** *(in der Zeit)*	tempor-**ibus** *(in den Zeiten)*

cīvis, -is m./f. - der/die Bürger/in

	Singular	Plural
Nominativ	cīv-**is** *(der Bürger)*	cīv-**ēs** *(die Bürger)*
Genitiv	cīv-**is** *(des Bürgers)*	cīv-**ium** *(der Bürger)*
Ablativ	(a) cīv-**e** *((vom) Bürger)*	(a) cīv-**ibus** *((von) den Bürgern)*

Schock? Nun atme erst einmal tief durch. Du glaubst doch nicht ernsthaft, dass jeder Römer ein Sprachen-Genie war, oder? Im Prinzip findest du auf der linken Seite drei Schemata, drei Deklinationsgruppen, nämlich die 1. Dekl. (oder a-Dekl.), die 2. (oder o-Dekl.) und die 3. Deklination (zusammengefasst kons. und gem. Dekl.).

	a-Deklination (1)	o-Deklination (2)	3. Dekl. (gem. + kons.)
Nom. Sg.	-a	-us; -er; -um (n.)	*
Gen. Sg.	-ae	-ī	-is
Abl. Sg.	-ā	-ō	-e
Nom. Pl.	-ae	-ī	-ēs
Gen. Pl.	-ārum	-ōrum	-(i)um
Abl. Pl.	-īs	-īs	-ibus

* verschiedene Endungen; meist -or, -tas, -tudo, -io, -is, -x.

Die obige Tabelle dürfte dir durch ihre größere Übersicht etwas den Schrecken nehmen, wie ich hoffe. Nur bei den Neutra (n.) musst du Acht geben. Sie unterscheiden sich im Nom. und Akk.
Übung macht bekanntlich den Meister. Deshalb wollen wir das am nächsten Text üben. Vorher schaust du dir bitte die neuen Vokabeln an. Viel Erfolg!

Lernwörter

avus, -i m.	Großvater
domina, -ae f.	(Haus-)Herrin
dominus, -i m.	(Haus-)Herr
enim	denn, nämlich
familia, -ae f.	Familie
femina, -ae f.	Frau
filia, -ae f.	Tochter
filius, -ii m.	Sohn
frater, -tris m.	Bruder
liberi, -orum m.	Kinder
mater, -tris f.	Mutter
pater, -tris m.	Vater
puella, -ae f.	Mädchen
puer, -eri m.	Junge
Romanus, -a, -um	römisch
serva, -ae f.	Sklavin
servus, -i m.	Sklave
soror, -oris f.	Schwester
vir, -i m.	Mann

Pärchen aus Pompeji; namentlich Paquius Proculus samt Gattin.

Text 2: De familia Romana

Aurelius vir Romanus est. Cornelia femina Romana est. Marcus puer Romanus est. Quintus quoque puer Romanus est. Marcus et Quintus pueri Romani sunt. Iulia puella Romana est. Aurelius pater familiae est. Cornelia mater familiae est. Marcus filius est. Quintus quoque filius est. Marcus et Quintus filii sunt. Marcus et Quintus filii Aurelii et Corneliae sunt. Iulia filia est. Iulia filia Aurelii et Corneliae est. Gaius avus est. Gaius enim pater Aurelii est.

Marcus frater Iuliae est. Et Quintus frater Iuliae est. Iulia soror Marci et Quinti est. Marcus et Quintus fratres Iuliae sunt. Marcus, Quintus et Iulia liberi Aurelii Corneliaeque sunt.

Aurelius dominus est. Cornelia domina est. Davus servus est. Syra serva est. Davus et Syra servi domini Aurelii sunt.

Galla Placidia (der Name muss dir nicht bekannt sein ;-) mit ihren Kindern.

Zwischenresümee

Du kannst bereits jetzt wirklich stolz auf dich sein! Die erste Lektion, den Einstieg hast du nun fast schon durchgearbeitet, prima! Viel Neues hast du gelernt. Nun heißt es, alles regelmäßig, das heißt bei der Kürze dieses Kurses täglich, zu wiederholen. Auch jetzt bekommst du schon die Möglichkeit der Wiederholung durch repetierende Übungen geboten — nutze sie!

Ich wünsche dir die nötige Motivation und viel Erfolg bei der Weiterarbeit auf den folgenden Seiten. Du schaffst das!

Die »Via Sacra« heute.

Übungen

1. Aufgabe: Formenbestimmung
Bestimme die gegebenen Formen nach folgendem Schema:
servorum = Gen. Pl. von servus
a) dominos
b) feminis
c) familiae
d) virum
e) avus
f) castra*

* Es gibt Wörter (Neutra der o-Deklination), die nur im
Plural vorkommen. So etwa *castra, castrorum n.* (Lager).

2. Aufgabe: Deklinationsübung
Bilde je Nom., Gen. und Abl. im Sg. und Pl.
a) servus
b) serva
c) puer
d) mater
e) templum
f) Romanus, -a, -um

Denar des Marcus Aurelius
(dt. Marc Aurel).

3. Aufgabe: Einsetzübung
Bsp.: Aurelius pater <u>familiae</u> (familia) est.
1. Cornelia mater _____ (familia) est.
2. Gaius pater _____ (Aurelius) est.
3. Italia in Europa _____ (esse).
4. Italia et Germania in Europa _____ (esse).
5. Iulia _____ (filia) est.

4. Aufgabe: Übungssätze deutsch-lateinisch *(fakultativ)*
1. Rom ist in Italien.
2. Italien ist in Europa.
3. Wo ist Germanien?
4. Germanien ist auch in Europa.
5. Aurelius ist der (Haus-)Herr.
6. Cornelia ist die (Haus-)Herrin.
7. Marcus, Quintus und Iulia sind die Kinder.
8. Wer ist Gaius? Gaius ist der Großvater.

2. Lektion

Ich freue mich, dass du bis zu dieser Stelle des Buches vorgedrungen bist. Diese zweite Lektion konfrontiert dich zwar mit weniger Neuem; dafür musst du aber auch das Wissen der ersten Lektion wiederholen, sowohl die Vokabeln als auch die Grammatikinhalte. Wiederholung ist überhaupt sehr wichtig. Das setze ich voraus und erinnere dich nicht permanent, wenngleich es natürlich in jeder Lektion spezielle Repetitionsübungen geben wird. Dir jedenfalls viel Spaß und Erfolg beim Weiterarbeiten!

Grammatik-Grundlagen

KNG-Kongruenz
Der Fachbegriff der **KNG**-Kongruenz bezeichnet die **Übereinstimmung** von **K**asus (Fall), **N**umerus (Anzahl) und **G**enus (Geschlecht) z. B. zwischen einem Substantiv und einem Adjektiv.

Beispiel:
puella (f.) bona (f.) – das gute Mädchen
magister (m.) severus (m.) – der strenge Lehrer

Fragen
Neben dir bekannten Wortfragen (z. B. ubi? = wo) kennt das Lateinische verschiedene Satzfragen:
-ne (angehängt) kennzeichnet eine **offene Frage.**
num...? kennzeichnet eine Frage, deren **Verneinung** erwartet wird (z. B. „Das meinst du doch nicht ernsthaft?")
nonne...? kennzeichnet eine Frage, deren **Bejahung** erwartet wird (z. B. „Du kommst doch sicher auch zu ihrer Geburtstagsfeier?")
...an... (eingeschoben) wird mit „oder" übersetzt und bietet eine **Option** (dies ODER jenes?)

SPQR (= senatus populusque Romanus; Senat und Volk Roms)

2. Lektion

amīca, -ae f. - die Freundin

	Singular	Plural
Akkusativ	amīc-**am** (die Freundin)	amīc-**ās** (die Freundinnen)

amīcus, -i m. - der Freund

	Singular	Plural
Akkusativ	amīc-**um** (den Freund)	amīc-**ōs** (die Freunde)

puer, -eri m. - der Junge

	Singular	Plural
Akkusativ	puer-**um** (den Jungen)	puer-**ōs** (die Jungen)

templum, -i n. - der Tempel

	Singular	Plural
Akkusativ	templ-**um** (den Tempel)	templ-**a** (die Tempel)

senātor, -oris m. - der Senator

	Singular	Plural
Akkusativ	senātōr-**em** (den Senator)	senātōr-**ēs** (die Senatoren)

tempus, -oris n. - die Zeit

	Singular	Plural
Akkusativ	tempus (die Zeit)	tempor-**a** (die Zeiten)

cīvis, -is m./f. - der/die Bürger/in

	Singular	Plural
Akkusativ	cīv-**em** (den Bürger)	cīv-**ēs** (die Bürger)

Übersicht

	a-Deklination (1)	o-Deklination (2)	3. Dekl. (gem. + kons.)
Akk. Sg.	-am	-um	-em
Akk. Pl.	-ās	-ōs/-a	-ēs/-a

Hinweis: Bei Neutra sind Nom. und Akk. formengleich!

Verbformen

	a-Konj.	e-Konj.	i-Konj.	gem. Konj.	kons. Konj.
3. Per. Sg.	ama-**t***	mone-t	audi-t	cap-i-t	reg-i-t
3. Per. Pl.	ama-**nt****	mone-**nt**	audi-u-**nt** (!)	cap-i-u-**nt** (!)	reg-u-**nt** (!)

Du findest links neben der Tabelle der Verbformen die Abkürzung »Per.« für Person; man unterscheidet folgende Personen:

1. Person Sg. = **ich**   **2. Person Sg.** = **du**   **3. Person Sg.** = **er/sie/es**

1. Person Pl. = **wir**   **2. Person Pl.** = **ihr**   **3. Person Pl.** = **sie**

Grammatik-Grundlagen

Nomen (Substantive, Adjektive, Pronomina) werden **dekliniert**, **Verben** werden **konjugiert**. Die **Deklination** findet in die **Kasus** (= Fälle; Nominativ, Genitiv, Dativ, Akkusativ, Ablativ und Vokativ) statt, die **Konjugation** in die **Personen** (s. o.).

*amat = **er/sie/es** liebt; ** amant = **sie** lieben

Lernwörter

ad *(Präp. m. Akk.)*	zu (... hin), an, bei	
amica, -ae f.	Freundin	**F:** amie
amicus, -i m.	Freund	**F:** ami
an...?	oder	
audire, -it, -iunt	hören	Audio, Auditorium
bonus, -a, -um	gut	**F:** bon
clamare, -at, -ant	rufen, schreien	**E:** to claim
cum *(Präp. m. Abl.)*	mit	
currere, -it, -unt	laufen	Kurier
habere, -et, -ent	haben; halten (für)	„haben"
ita	so	
malus, -a, -um	schlecht	**F:** mal
-ne?	*offene Frage*	
nonne...?	*positive Antwort wird erwartet*	
num...?	*negative Antwort wird erwartet*	
nunc	nun, jetzt	„nun"
properare, -at, -ant	eilen	
quem?	wen?	
quis?	wer?	
sic	so	
suus, -a, -um	sein; ihr	
utrum ... an ...	*bei Doppelfragen (... oder ...)*	
venire, -it, -iunt	kommen	**F:** venir
videre, -et, -ent	sehen	**F:** voir
villa, -ae f.	Landhaus	„Villa"

Schon gewusst?

Eine durch diesen Verlag durchgeführte Worthäufigkeitsanalyse von rund 1,35 Mio. lateinischen Wortformen hat ergeben, dass man mit den 10 (!) häufigsten Vokabeln durchschnittlich bereits 20 %, mit weiteren 50 Wörtern bereits ein gutes Drittel eines Textes erfassen und übersetzen kann.
Die in diesem Buch gegebenen Vokabeln des Grundwortschatzes wurden daher nicht zuletzt auf Basis der Auszählungen zusammengestellt. So kannst du dir sicher sein, nur wirklich wichtige Wörter zu lernen — das Lernen und Merken natürlich vorausgesetzt.

Text 3: De domino et servis

Davus servus dominum Aurelium videt. Et Syra serva dominum videt. Davus et Syra Aurelium dominum vident. Dominus Aurelius servos et servas habet. Estne Aurelius dominus? Ita est. Estne Davus quoque dominus? Davus non dominus, sed servus est. Servus domini Aurelii et dominae Corneliae est. Cornelia domina est. Estne Iulia domina? Sic non est. Iulia non domina, sed filia et puella Romana est. Aemilia amica Iuliae est. Sextus et Publius amici Marci sunt. Amici veniunt. Sextus et Publius amici ad villam currunt.

Et Aemilia ad amicam properat. Marcus Sextum videt. Marcus et Quintus Sextum vident. Et Publium vident. Marcus et Quintus amicos vident. Estne Marcus amicus bonus? Ita est. Marcus amicus bonus est. Marcus et Sextus amici boni sunt. Iulia et Aemilia amicae bonae sunt. Nunc amici veniunt. Venitne Sextus? Sic est. Sextus venit. Sextus cum amico suo venit. Quem Cornelia clamare audit? Cornelia Iuliam clamare audit. Quis clamat? Iulia clamat.

Nonne Cornelia mater est? Ita est. Cornelia mater familiae est. Num Iulia mater est? Ita non est. Iulia non mater, sed filia est. Iulia filiane est an domina? Iulia filia est. Davus dominusne est an servus? Servus Davus est. Nonne Davus servus est? Sic est. Davus servus est. Utrum Aurelius est dominus bonus an malus? Aurelius dominus bonus est. Num Cornelia serva est? Cornelia non serva, sed domina est. Nonne Marcus et Quintus fratres sunt? Ita est. Marcus et Quintus fratres sunt.

Quickinfo: Familie und Sklaven

An der Spitze der **römischen Familie** stand der **Vater** (*pater familias**), gefolgt von der **Mutter** (*mater familias**). Neben den **Kindern** (*liberi*; eigtl. „die Freien") gab es auch „Unfreie", nämlich **Sklaven**. Jede Familie, die etwas auf sich hielt und über ausreichend finanzielle Mittel verfügte, besaß Sklaven, wobei der Begriff „besitzen" richtig gewählt ist: Sklaven galten als **Eigentum** und konnten ge- und verkauft werden, was sogar so weit führte, dass z. B. das Verletzen eines Sklaven nicht als Körperverletzung, sondern als Sachbeschädigung behandelt wurde.

Die Härte der Behandlung hing zum einen vom Herrn selbst ab, zum anderen auch von der Art der Betätigung. So hatten die Sklaven auf den **Feldern** härtere Arbeit zu verrichten als **Hausklaven**, welche z. B. einkaufen, kochen oder die Kinder beaufsichtigen mussten. Eine Besonderheit stellen **griechischen Sklaven** dar, welche häufig eine lehrende Funktion als **Pädagogen** oder Schreiber übernahmen. In der Regel erhielten Sklaven von ihren Herren ein kleines **Taschengeld**, ab und zu auch **Belohnungen**. Auch konnten Sklaven von ihren Herren nach einiger Zeit in die **Freiheit** entlassen werden.

Römisches Mädchen beim Spielen

* *familias* ist ein altlateinischer Genitiv; die klassische Form ist *familiae*.

Junge, leicht bekleidete Damen bei Spiel- und Sportübungen.

Übungen

1. Aufgabe: Deklinationsübung
Bilde zu den folgenden Substantiven alle bekannten Fälle (Nom., Gen., Akk., Abl.)
a) servus
b) serva
c) puer
d) mater
e) templum
f) Romanus, -a, -um

2. Aufgabe: Konjugationsübung
Bilde zu folgenden Infinitiven die 3. Person Sg. und Pl.
a) laudare
b) audire
c) properare
d) monere
e) facere
f) habere

3. Aufgabe: KNG-Kongruenz
Dekliniere beide Teile gleichzeitig in die bekannten Fälle (vgl. Aufgabe 1)
a) vir Romanus
b) femina Romana
c) servus Graecus
d) templum magnum
e) mater bona

4. Aufgabe: Einsetzübung
1. Marcus et Quintus _____ (amici) vident.
2. Marcus _____ _____ (Quintus amicus) videt.
3. Cornelia Iuliam clamare _____ (audire).
4. Dominus Aurelius _____ (servi) et _____ (servae) habet.

5. Aufgabe: Vokabelwiederholung
ad, audire, cum, habere, suus, videre, bonus, enim, Romanus, vir, autem, de, non, urbs, sed, esse, et.

Schlage erforderlichenfalls die Vokabeln mit Hilfe des Wörterverzeichnisses (Anhang) nach.

3. Lektion

Du machst in Grammatik und Wortschatz große Schritte — sehr erfreulich! Heute schon wollen wir zwei Bereiche komplettieren, nämlich die Fälle (du wirst neben den bisherigen Kasus heute den Dativ und den Vokativ kennenlernen) und die restlichen Personen der Verben (also die jeweils zweite und dritte Person). Ich hoffe, du fühlst dich fit und bist bereit, den Kopf rauchen zu lassen ;) Los geht's!

Der Dativ (3. Fall)

amīca, -ae f. - die Freundin

	Singular	Plural
Dativ	amīc-**ae** *(der Freundin)*	amīc-**īs** *(den Freundinnen)*

amīcus, -i m. - der Freund

	Singular	Plural
Dativ	amīc-**ō** *(dem Freund)*	amīc-**īs** *(den Freunden)*

puer, -eri m. - der Junge

	Singular	Plural
Dativ	puer-**ō** *(dem Jungen)*	puer-**īs** *(den Jungen)*

templum, -i n. - der Tempel

	Singular	Plural
Dativ	templ-**ō** *(dem Tempel)*	templ-**īs** *(den Tempeln)*

senātor, -oris m. - der Senator

	Singular	Plural
Dativ	senātōr-**ī** *(dem Senator)*	senātōr-**ibus** *(den Senatoren)*

tempus, -oris n. - die Zeit

	Singular	Plural
Dativ	tempor-**ī** *(der Zeit)*	tempor-**ibus** *(den Zeiten)*

cīvis, -is m./f. - der/die Bürger/in

	Singular	Plural
Dativ	cīv-**ī** *(dem Bürger)*	cīv-**ibus** *(den Bürgern)*

Übersicht

	a-Deklination (1)	o-Deklination (2)	3. Dekl. (gem. + kons.)
Dat. Sg.	-ae	-ō	-ī
Dat. Pl.	-īs	-īs	-ibus

Der Vokativ (6. Fall)

Der **Vokativ** (Anredefall) wird immer dann gebraucht, wenn eine Person direkt angesprochen wird. Dabei verändert er nur bei Wörtern auf **-(i)us** seine Form:

-us >> **-e**   **-ius** >> **-i**

<u>Beispiele:</u> Mar**cus** >> Mar**ce**!; Publ**ius** >> Publ**i**!
<u>Ausnahme:</u> me**us** >> **mi** (z. B. me**us** filius >> **mi** fili!)

Ansonsten ist der Vokativ mit dem **Nominativ formengleich.**

3. Lektion

Präsens Indikativ Aktiv

a-Konj.	e Konj.	i-Konj.	gem. Konj.	kons. Konj.
am-ō (!)	mone-ō	audi-ō	cap-i-ō	reg-ō
amā-s	monē-s	audī-s	cap-i-s	reg-i-s
ama-t	mone-t	audi-t	cap-i-t	reg-i-t
amā-mus	monē-mus	audī-mus	cap-i-mus	reg-i-mus
amā-tis	monē-tis	audī-tis	cap-i-tis	reg-i-tis
ama-nt	mone-nt	audi-u-nt (!)	cap-i-u-nt (!)	reg-u-nt (!)

Im Deutschen:
ich liebe, du liebst, er/sie/es liebt, wir lieben, ihr liebt, sie lieben. (amare)
ich höre, du hörst, er/sie/es hört, wir hören, ihr hört, sie hören. (audire)

Die Formen von *esse* (sein) im Präsens

sum	es	est	sumus	estis	sunt
ich bin	du bist	er/sie/es ist	wir sind	ihr seid	sie sind

Lernwörter

ceteri, -ae, -a	die übrigen	etc. *(et cetera)*
cui?	wem?	
dare, do, dedi, datum	geben	
debere, -eo, -ui, -itum	müssen; sollen	
dicere, -o, dixi, dictum	sagen, sprechen	**F:** dire
discere, -o, didici, -	lernen	
disciplina, -ae f.	Unterricht, Disziplin	„Disziplin"
discipulus, -i m.	Schüler	
docere, -eo, -ui, doctum	lehren, unterrichten	Doktor
etiam	auch; sogar	
interesse, -sum, -fui, -	an etw. teilnehmen;	Interesse
(m. Dat)	dabei sein	
interrogare, o, avi, atum	fragen	**F:** interroger
liber, libri m.	Buch	**F:** livre
magister, -tri m.	Lehrer	Magister; **F:** maître
mihi	mir	
nam	denn, nämlich	
non solum ...	nicht nur ...	
sed etiam ...	sondern auch ...	
respondere, -eo, -i, -onsum	antworten	**F:** répondre
ridere, -eo, risi, risum	lachen	**F:** rire
schola, -ae f.	Schule	„Schule"
scribere, -o, scripsi, -ptum	schreiben	„schreiben"
tum	da, dann, danach	
vita, -ae f.	Leben	Vita (Lebenslauf)
vocare, -o, -avi, -atum	rufen	Vokal

So! Ich hoffe, du fühlst dich »reif« für den folgenden kleinen Text und das Quick-info, das dir einen Einblick in antike Lehrmethoden und das damalige »Schul-wesen« im Allgemeinen gibt. Vergiss bei den Textpensa (Pl. von *pensum*, wie du weißt) jedoch nicht die permanente (!) Vokabelwiederholung. Nutze freie Minuten auch für das Blättern im Wörterbuch. Viel Erfolg bei der Weiterarbeit!

Text 4: In schola

Magister Lampriscus discipulos docet. Quem magister docet? Discipulos docet. Magister non solum amicos docet, sed etiam ceteros pueros. Discipuli discunt, nam disciplinae intersunt. Cui intersunt? Disciplinae intersunt. Lampriscus magister dicit: „Non scholae, sed vitae discitis." Discipuli autem rident: „Non vitae, sed scholae discimus!" vocant. Nunc magister iratus est. Itaque „Non scholae, sed vitae discimus" discipuli scribere debent.

Tum magister discipulos interrogat: „Cuius hic liber est?" Quintus respondet: „Est liber meus." Lampriscus Quinto librum dat.

Hilfe: iratus = wütend

Römische Schüler mit Lehrer.

Quickinfo: Schule & Ausbildung

Die Antike kannte **keine** allgemeine **Schulpflicht**. So spielte sich die Erziehung der (Klein-)Kinder zunächst, wie auch heute, in **familiärer Umgebung** ab, später schickten die Eltern ihre Kinder (im Alter von 7-12) zumindest zum **Elementarlehrer** (*ludi magister*), der ihnen **Lesen, Schreiben und Rechnen** beibrachte.

Diese Grund- oder Elementarschulen (*ludi litterarii*) genossen ob der **Strenge** der wenig angesehenen Lehrer (Schläge waren an der pädagogischen Tagesordnung) und ihrer **Eintönigkeit** (über Jahre hinweg wurden nur Buchstaben, Wörter und Sätze gelesen) keinen guten Ruf.

Der Unterricht fand meist in kleineren Buden auf dem Forum statt, umgeben vom Lärm der Römer. Reichere Eltern leisteten sich teilweise (zusammen mit anderen Eltern aus der Nachbarschaft) einen **Privatlehrer** für ihre Kinder. Für Mädchen endete der Unterricht in den meisten Fällen mit der Elementarschule. Für die Söhne reicher(er) Römer ging es hiernach zum *grammaticus*, bei welchem vor allem **römische und griechische Literatur** gelesen wurde – auf die **Naturwissenschaften** legte man damals **keinen Wert**.
Die höchste Bildungsstufe – die **Rhetorikausbildung** – war denjenigen Sprösslingen (meist) adliger Römer vorbehalten, die in der **Politik** Karriere machen wollten.

Der griechische Grammatiklehrer (grammaticus) Marcus Mettius Epaphroditus.

Lernen wir für die Schule oder das Leben?

Immer wieder wirst du den bekannten Satz »*Non scholae, sed vitae discimus*« (Nicht für die Schule, sondern für das Leben lernen wir) lesen. Dabei formulierte Seneca umgekehrt:

Non vitae, sed scholae discimus.
(epistulae morales ad Lucilium)

L. Annaeus Seneca (etw. 4 v. Chr. - 65 n. Chr.) nach einer Zeichnung von P. P. Rubens.

Lernwörter

is, ea, id   er, sie, es; der, die, das
latus, -a, -um   *(hier)*: groß; breit, weit ausgedehnt

Text 5: De fundo domini

Domino Aurelio fundus latus est. Cuius fundus latus est? Domini Aurelii fundus latus est. Estne dominae Corneliae quoque fundus? Ei fundus non est. Domino Aurelio fundus est. Domino Aurelio etiam servi servaeque sunt.

Hilfe: fundus = Landgut

is, ea, id - der, die, das

Singular	m.	f.	n.
Nominativ	is	e-**a**	id
Genitiv		e-**ius**	
Dativ		e-**ī**	
Akkusativ	e-**um**	e-**am**	id
Ablativ	e-**ō**	e-**ā**	e-**ō**

Plural	m.	f.	n.
Nominativ	i-**ī** (eī)	e-**ae**	e-**a**
Genitiv	e-**ōrum**	e-**ārum**	e-**ōrum**
Dativ		i-**īs** (eīs)	
Akkusativ	e-**ōs**	e-**ās**	e-**a**
Ablativ		i-**īs** (eīs)	

3. Lektion

Lernwörter

agere, ago, egi, actum	tun, machen, handeln	agieren
bene	gut	F: bien
domus, -us f.	Haus	
domum	nach Hause	
domo	von zu Hause	
domi	zu Hause	
ego	ich	Egoist
forum, -i n.	Marktplatz, Forum	Forum
gaudere, -eo, gavisus sum	sich freuen	Gaudi
ibi	dort	
ire, eo, ii, itum	gehen	
meus, -a, -um	mein	
nihil, nil	nichts	nihilistisch
salve(te)!	sei(d) gegrüßt!	Salve!
una (cum)	zusammen (mit)	
unde?	woher?	
ut?	wie?	
valere, -eo, -ui, -	gesund sein	

Text 6: Dialogus inter liberos

Marcus: Salve, Claudia!

Claudia: Salve, Marce!

Marcus: Ut vales?

Claudia: Bene valeo. Valesne bene, mi Marce?

Marcus: Ego quoque valeo.

Titus appropinquat.

Titus: Salvete, amici! Ut valetis?

Marcus et Claudia: Bene valemus.

Titus: Gaudeo, quod bene valetis. Quid agitis?

Marcus et Claudia: Nihil agimus. Unde venis, Tite?

Titus: Domo venio. Ecce! Ibi Publius venit.

Publius: Salvete!

Marcus, Claudia et Titus: Salve, Publi!

Marcus, Claudia et Titus una cum Publio ad forum eunt.

Hilfen: ecce!= sieh! seht!; appropinquare = sich nähern

Übungen

1. Aufgabe: Deklinationsübung
Dekliniere in alle Fälle!
a) servus
b) serva
c) puer
d) mater
e) templum
f) Romanus, -a, -um

2. Aufgabe: Konjugationsübung
Konjugiere die folgenden Verben komplett durch (1. Per. Sg. bis 3. Per. Pl.)!
a) laudare
b) audire
c) properare
d) monere
e) facere
f) habere

3. Aufgabe: KNG-Kongruenz
Dekliniere beide Teile in alle Fälle.
a) vir Romanus
b) femina Romana
c) servus Graecus
d) templum magnum
e) mater bona

4. Aufgabe: Vokativ
Bilde den Vokativ!
a) Marcus
b) Gaius
c) Titus
d) Cornelia
e) meus amicus
f) discipuli

	A	B	C	D	E	F	G	H
1	W	V	T	L	E	A	E	K
2	X	E	O	Q	U	C	U	N
3	T	M	O	B	W	L	M	M
4	S	I	S	R	U	V	W	X
5	T	W	L	R	U	K	I	D
6	K	L	M	N	Q	M	V	E
7	E	E	A	M	O	L	P	I
8	E	I	U	S	L	I	I	S

5. Aufgabe: is, ea, id
Findest du alle 17 Formen von is, ea, id?

6. Aufgabe: Vokabelwiederholung
agere, bene, ut?, is/ea/id, dare, dicere, nam, vita, vocare, tum, dominus/a, servus/a, filius/a, in, insula.

4. Lektion

Heute wollen wir uns vor allem mit zwei wichtigen Nebensatzarten beschäftigen, nämlich den Relativ- und den Kausalsätzen. Außerdem lernst du den lateinischen Imperativ kennen und beschäftigst dich weiterführend mit den Fragen. Ich wünsche dir die nötige Motivation, um die wenigen Seiten erfolgreich zu bearbeiten — und natürlich auch etwas (vielleicht sogar viel?) Spaß! :)

Relativsätze

Relativsätze bzw. relative Nebensätze werden durch das **Relativpronomen** *qui, quae, quod* eingeleitet — macht Sinn, nicht wahr?

1
Spurius, **qui** mercator est, clamat.
Spurius, **der/welcher** Kaufmann ist, ruft/schreit.

2
Mercator, **cuius** nomen Spurius est, clamat.
Der Kaufmann, **dessen** Name Spurius ist, ruft/schreit.

Kausalsätze

Kausalsätze (Begründungssätze) werden häufig mit Wörtern wie *quod* (*weil*; bitte nicht mit dem Relativpronomen *qui, quae, quod* verwechseln!) oder *quia* (ebenso *weil*) eingeleitet.

1
Clamat, **quia** merces vendere vult.
Er ruft/schreit, **weil** er Waren verkaufen will.

Der Imperativ

Mit dem **Imperativ**, der **Befehlsform** (von *imperare* = befehlen), wird ein direkter **Befehl an die 2. Person** (du/ihr) ausgedrückt.

	Singular (du)	Plural (ihr)
laudare	lauda!	lauda-te!
monere	mone!	mone-te!
audire	audi!	audi-te!
capere	cap-e!	cap-i-te!
agere	ag-e!	ag-i-te!

Ausnahmen

	Singular (du)	Plural (ihr)
dicere	dic!	dicite!
ducere	duc!	ducite!
facere	fac!	facite!
ferre	fer!	ferte!

qui, quae, quod - der, die, das; welcher, welche, welches

Singular	m.	f.	n.
Nominativ	quī	quae	quod
Genitiv	cu-**ius**		
Dativ	cu-**i**		
Akkusativ	qu-**em**	qu-**am**	quod
Ablativ	qu-**ō**	qu-**ā**	qu-**ō**

Plural	m.	f.	n.
Nominativ	qu-**i**	qu-**ae**	qu-**ae**
Genitiv	qu-**ōrum**	qu-**ārum**	qu-**ōrum**
Dativ	qu-**ibus**		
Akkusativ	qu-**ōs**	qu-**ās**	qu-**ae**
Ablativ	qu-**ibus**		

hic, haec, hoc - dieser, diese, dieses

Singular	m.	f.	n.
Nominativ	hic	haec	hoc
Genitiv	hu-**ius**		
Dativ	huic		
Akkusativ	hunc	hanc	hoc
Ablativ	hōc	hāc	hōc

Plural	m.	f.	n.
Nominativ	h-**ī**	h-**ae**	haec
Genitiv	h-**ōrum**	h-**ārum**	h-**ōrum**
Dativ	h-**īs**		
Akkusativ	h-**ōs**	h-**ās**	haec
Ablativ	h-**īs**		

Ich gebe dir in diesem Buch nur die wichtigsten Pronomen in tabellarischer Form zum Lernen. Dies musst du dann aber doppelt intensiv betreiben. Es handelt sich nämlich bei den Pronomina *is/ea/id*, *qui/quae/quod* und *hic/haec/hoc* um die wichtigsten, da häufigsten lateinischen Fürwörter. Also: Lernen und dann wiederholen; Wiederholtes noch einmal wiederholen usw. ;)

4. Lektion

Lernwörter

clamor, -oris m.	Lärm	F: clameur
cur?	warum?	
curia, -ae f.	Rathaus	Kurie
merx, mercis f.	Ware	Kommerz
omnis, -e	jeder, ganz; *(Pl.)* alle	omni(-potent)
qua de causa?	aus welchem Grund? warum?	
qui, quae, quod	der, die, das; welcher, -e, -es	
quia	da, weil	
quod	da, weil; dass	
senator, -oris m.	Senator	„Senator"
tandem	endlich	
templum, -i n.	Tempel	„Tempel"
ubique	überall	
velle, volo, volui, -	wollen	„wollen"
vendere, -o, -didi, -ditum	verkaufen	F: vendre

Text 7: In Foro Romano

Tandem Marcus, Claudia, Titus et Publius ad forum veniunt. Hic est templum, ibi curia, ubique clamor. Spurius quoque clamat. Spurius mercator est. Spurius, qui mercator est, clamat. Qua de causa clamat? Clamat, quia merces vendere vult. Omnes mercatores clamant, quia merces suas vendere volunt. Appius mercator non est. Appius senator est. Appius non mercator, sed senator est. Appius, qui senator est, ad curiam properat. Cur Appius non clamat? Non clamat, quod mercator non est. Estne Spurius mercator? Sic est. Spurius mercator est, qui in foro merces suas vendit.

Überreste einer Bäckerei in Pompeji

Quickinfo: Das Forum Romanum

In fast jeder römischen Stadt gab es ein **Forum** als Zentrum des **kulturellen**, **wirtschaftlichen**, aber auch des **politischen** und **religiösen Lebens**. Somit stellte es weit mehr als einen reinen Marktplatz dar. Das erste Forum entstand – wie sollte es anders sein – in Rom und hieß – ebenfalls zu erwarten – *Forum Romanum*. Ursprünglich war das Gebiet des späteren Forums ein **sumpfiges Tal** neben dem **Palatin**, einem der **sieben Hügel Roms**.

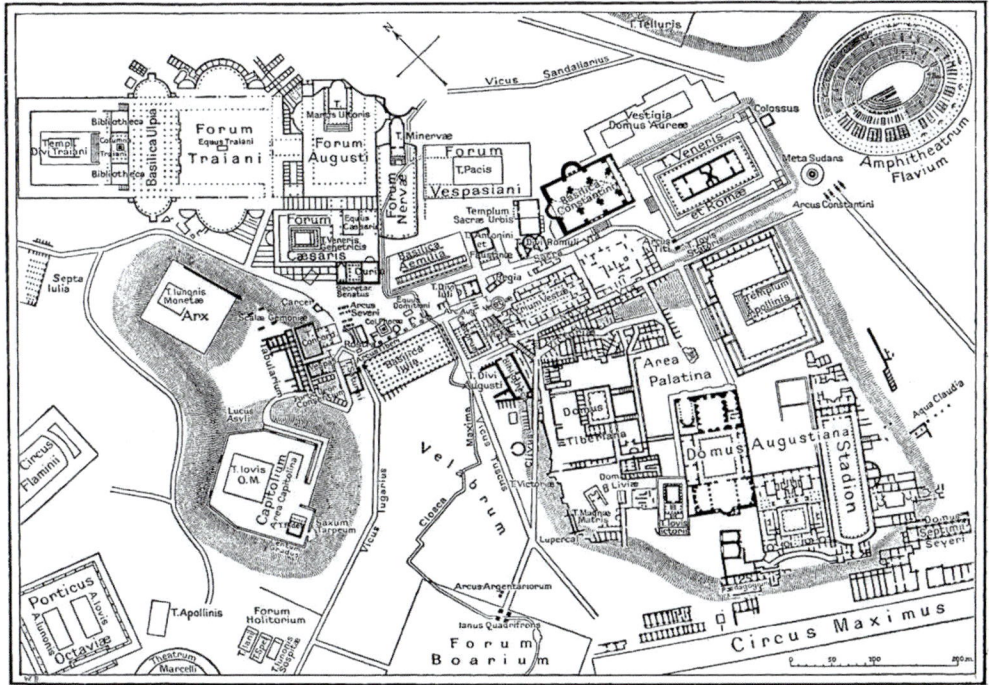

Karte von Rom mit den verschiedenen Foren.

Die Hauptachse bildete die *via sacra* (dt.: heilige Straße), an welcher sich viele **Tempel** befanden. In der *curia* (dem Rathaus) versammelte sich der **Senat** und machte Politik für Rom und das gesamte Imperium. Auf dem Forum fanden auch **Volksversammlungen** statt. Werben heute Politiker meist über die Medien für ihre Programme, richteten sich im antiken Rom die führenden Politiker von der *rostra* (dt.: Rednertribüne) aus an das Volk.
Selbstverständlich fanden sich überall **kleinere Lädchen**, in denen man Waren aller Art – natürlich auch den kleinen Snack – finden konnte.

4. Lektion

Aufgrund der Größe Roms, welches schon in der Antike derart viele Einwohner wie eine heutige **Groß-stadt** beherbergte, gab es nicht nur das *Forum Romanum*, sondern auch andere, die sog. **Kaiser-Foren**.

Nebenbemerkung:
Solltest du dich für ein Thema oder gar mehrere Themata der Quickinfo-Texte näher interessieren, so bietet sich die Recherche im Internet oder der Besuch einer Bibliothek an — es handelt sich bei den gegebenen Informationen schließlich um stark komprimierte »Kost«.

Der Titusbogen

Das Forum Romanum heute.

38

Lernwörter

doctus, -a, -um	gelehrt	Doktor; **F:** docte
Graecus, -a, -um	griechisch	**E:** Greek
lingua, -ae f.	Sprache; Zunge	lingual; **E:** language
multi, -ae, -a	viele	multi(-kulturell usw.)

Text 8: Quis docet?

Cornelia, quae domina est, liberos non docet. Quis liberos docet?

Servus Graecus liberos docet. Quid docet? Linguam Graecam

docet. Multi servi Graeci magistri liberorum Romanorum sunt,

quod docti sunt. Docetne etiam Cornelia? Cornelia non docet, quod domina, non

magistra est. Quis magister est? Lampriscus magister est. Estne Lampriscus vir

Romanus? Sic non est. Lampriscus non vir Romanus, sed vir Graecus et servus

domini Aurelii est.

Sprichwörtersalat

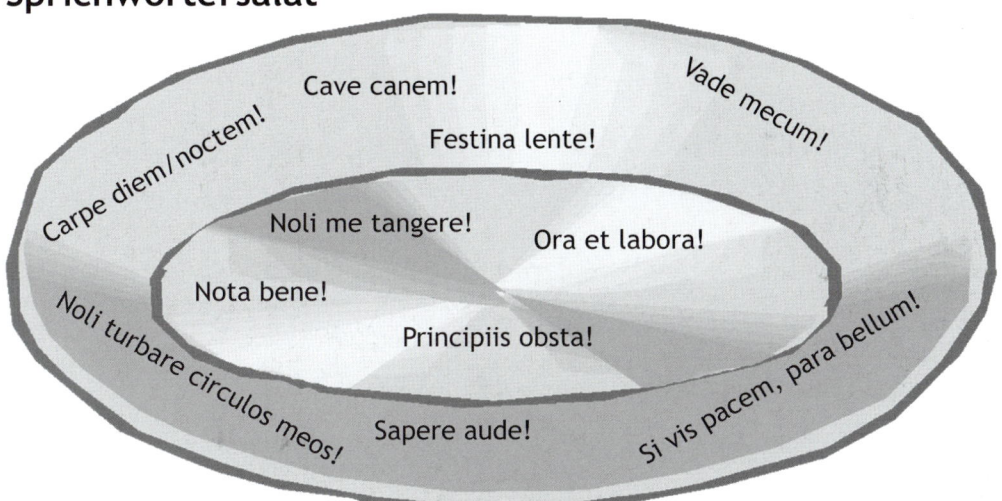

Cave canem!

Vade mecum!

Festina lente!

Carpe diem/noctem!

Noli me tangere!

Ora et labora!

Nota bene!

Principiis obsta!

Noli turbare circulos meos!

Sapere aude!

Si vis pacem, para bellum!

Schlage die unbekannten Wörter zur Übung in deinem Wörterbuch nach!
Wehre den Anfängen! · Wenn du Frieden willst, rüste zum Krieg! · Geh mit mir!
Nutze den Tag/die Nacht! · Bringe meine Kreise nicht durcheinander!
Eile mit Weile! · Hüte dich vor dem Hund! · Bete und arbeite!
Wage es, weise zu sein! · Fass mich nicht an! · Merke (dir) gut!

Übungen

1. Aufgabe: Flexionsübung
Gib an, ob das Wort ein Substantiv, Adjektiv oder Verb ist, und
dekliniere bzw. konjugiere es.
a) mercator
b) vendere
c) docere
d) domina
e) suus, -a, -um
f) esse

2. Aufgabe: Relativsatz oder Kausalsatz?
1. Cornelia, _____ domina est, liberos non docet.
2. Spurius mercator clamat, _____ merces suas vendere vult.
3. Spurius mercator est, _____ in foro merces suas vendit.
4. Cur Appius non clamat? Non clamat, _____ mercator non est
– senator est.

3. Aufgabe: qui, quae, quod
Findest du alle 12 versteckten Formen von qui, quae, quod?

	A	B	C	D	E	F	G	H
1	R	S	T	H	I	Q	D	Q
2	A	C	C	U	I	U	S	U
3	B	D	X	T	P	A	F	O
4	M	Q	U	I	L	M	Q	D
5	E	T	L	M	M	N	U	P
6	U	O	W	D	Q	U	A	E
7	Q	U	O	R	U	M	S	B
8	B	O	L	Z	O	V	X	Q

4. Aufgabe: Vokabelwiederholung
lingua, multi, velle, omnis, tandem, templum,
is/ea/id, qui/quae/quod, hic/haec/hoc, ad, cum,
de, esse, in, quid?, quis?.

Wiederholung 1-4

Schau dir zur Wiederholung noch einmal alle gelernten Tabellen an! Ich weiß, dass dies sicher eine der nervigeren Aufgaben ist — dennoch von großer Wichtigkeit.

amica, -ae f. - die Freundin

	Singular	Plural
Nominativ	amic-**a** *(die Freundin)*	amic-**ae** *(die Freundinnen)*
Genitiv	amic-**ae** *(der Freundin)*	amic-**arum** *(der Freundinnen)*
Dativ	amic-**ae** *(der Freundin)*	amic-**is** *(den Freundinnen)*
Akkusativ	amic-**am** *(die Freundin)*	amic-**as** *(die Freundinnen)*
Ablativ	(ab) amic-**a** *((von) der Freundin)*	(ab) amic-**is** *((von) den Freundinnen)*

amicus, -i m. - der Freund

Nominativ	amic-**us** *(der Freund)*	amic-**i** *(die Freunde)*
Genitiv	amic-**i** *(des Freundes)*	amic-**orum** *(der Freunde)*
Dativ	amic-**o** *(dem Freund)*	amic-**is** *(den Freunden)*
Akkusativ	amic-**um** *(den Freund)*	amic-**os** *(die Freunde)*
Ablativ	(ab) amic-**o** *((vom) Freund)*	(ab) amic-**is** *((von) den Freunden)*

puer, -eri m. - der Junge

Nominativ	puer *(der Junge)*	puer-**i** *(die Jungen)*
Genitiv	puer-**i** *(des Jungen)*	puer-**orum** *(der Jungen)*
Dativ	puer-**o** *(dem Jungen)*	puer-**is** *(den Jungen)*
Akkusativ	puer-**um** *(den Jungen)*	puer-**os** *(die Jungen)*
Ablativ	(a) puer-**o** *((vom) Jungen)*	(a) puer-**is** *((von) den Jungen)*

templum, -i n. - der Tempel

Nominativ	templ-**um** *(der Tempel)*	templ-**a** *(die Tempel)*
Genitiv	templ-**i** *(des Tempels)*	templ-**orum** *(der Tempel)*
Dativ	templ-**o** *(dem Tempel)*	templ-**is** *(den Tempeln)*
Akkusativ	templ-**um** *(den Tempel)*	templ-**a** *(die Tempel)*
Ablativ	(a) templ-**o** *((vom) Tempel)*	(a) templ-**is** *((von) den Tempeln)*

senator, -oris m. - der Senator

Nominativ	senator *(der Senator)*	senator-**es** *(die Senatoren)*
Genitiv	senator-**is** *(des Senators)*	senator-**um** *(der Senatoren)*
Dativ	senator-**i** *(dem Senator)*	senator-**ibus** *(den Senatoren)*
Akkusativ	senator-**em** *(den Senator)*	senator-**es** *(die Senatoren)*
Ablativ	(a) senator-**e** *((vom) Senator)*	(a) senator-**ibus** *((von) den Senatoren)*

tempus, -oris n. - die Zeit

Nominativ	tempus *(die Zeit)*	tempor-**a** *(die Zeiten)*
Genitiv	tempor-**is** *(der Zeit)*	tempor-**um** *(der Zeiten)*
Dativ	tempor-**i** *(der Zeit)*	tempor-**ibus** *(den Zeiten)*
Akkusativ	tempus *(die Zeit)*	tempor-**a** *(die Zeiten)*
Ablativ	tempor-**e** *(in der Zeit)*	tempor-**ibus** *(in den Zeiten)*

civis, -is m./f. - der/die Bürger/in

	Singular	Plural
Nominativ	civ-**is** *(der Bürger)*	civ-**es** *(die Bürger)*
Genitiv	civ-**is** *(des Bürgers)*	civ-**ium** *(der Bürger)*
Dativ	civ-**i** *(dem Bürger)*	civ-**ibus** *(den Bürgern)*
Akkusativ	civ-**em** *(den Bürger)*	civ-**es** *(die Bürger)*
Ablativ	(a) civ-**e** *((vom) Bürger)*	(a) civ-**ibus** *((von) den Bürgern)*

turris, -is f. - der Turm

Nominativ	turr-**is** *(der Turm)*	turr-**es** *(die Türme)*
Genitiv	turr-**is** *(des Turms)*	turr-**ium** *(der Türme)*
Dativ	turr-**i** *(dem Turm)*	turr-**ibus** *(den Türmen)*
Akkusativ	turr-**im** *(den Turm)*	turr-**es** *(die Türme)*
Ablativ	(a) turr-**i** *((vom) Turm)*	(a) turr-**ibus** *((von) den Türmen)*

mare, -is n. - das Meer

Nominativ	mare *(das Meer)*	mar-**ia** *(die Meere)*
Genitiv	mar-**is** *(des Meeres)*	mar-**ium** *(der Meere)*
Dativ	mar-**i** *(dem Meer)*	mar-**ibus** *(den Meeren)*
Akkusativ	mare *(das Meer)*	mar-**ia** *(die Meere)*
Ablativ	mar-**i** *(im Meer)*	mar-**ibus** *(in den Meeren)*

Der geringen Unterschiede wegen wird die i-Deklination (turris, mare) ebenfalls zur dritten Deklination (wie die gem. und die kons. Deklination) gezählt. Durch die weitgehende Ähnlichkeit dürfte das Lernen keine Probleme bereiten ;)

Adjektive

magnus, -a, -um - groß

Singular	m.	f.	n.
Nominativ	magn-**us**	magn-**a**	magn-**um**
Genitiv	magn-**i**	magn-**ae**	magn-**i**
Dativ	magn-**o**	magn-**ae**	magn-**o**
Akkusativ	magn-**um**	magn-**am**	magn-**um**
Ablativ	magn-**o**	magn-**a**	magn-**o**

Plural	m.	f.	n.
Nominativ	magn-**i**	magn-**ae**	magn-**a**
Genitiv	magn-**orum**	magn-**arum**	magn-**orum**
Dativ	magn-**is**	magn-**is**	magn-**is**
Akkusativ	magn-**os**	magn-**as**	magn-**a**
Ablativ	magn-**is**	magn-**is**	magn-**is**

omnis, -is, -e - jeder, ganz; alle

Singular	m.	f.	n.
Nominativ	omn-**is**	omn-**is**	omn-**e**
Genitiv	omn-**is**	omn-**is**	omn-**is**
Dativ	omn-**i**	omn-**i**	omn-**i**
Akkusativ	omn-**em**	omn-**em**	omn-**e**
Ablativ	omn-**i**	omn-**i**	omn-**i**

Plural	m.	f.	n.
Nominativ	omn-**es**		omn-**ia**
Genitiv	omn-**ium**		
Dativ	omn-**ibus**		
Akkusativ	omn-**es**		omn-**ia**
Ablativ	omn-**ibus**		

Endungsübersicht

	a-Dekl.	o-Dekl. m.	o-Dekl. n.	kons. Dekl.	kons. Dekl. n.	gem. Dekl.	i-Dekl.	i-Dekl. n.
Nom. Sg.	a	us, er	um	* s. Anm.	us, men	is, ēs, s	is	e
Gen.	ae	ī	ī	is	is	is	is	is
Dat.	ae	o	o	ī	ī	ī	ī	ī
Akk.	am	um	um	em	us, men	em	im	e
Abl.	ā	ō	ō	e	e	e	ī	ī
Nom. Pl.	ae	ī	a	ēs	a	ēs	ēs	ia
Gen.	ārum	ōrum	ōrum	um	um	ium	ium	ium
Dat.	īs	īs	īs	ibus	ibus	ibus	ibus	ibus
Akk.	ās	ōs	a	ēs	a	ēs	ēs	ia
Abl.	īs	īs	īs	ibus	ibus	ibus	ibus	ibus
Beispiel-wort	amica	amicus puer	templum	orator natio	tempus agmen	civis	turris	mare

* typische Endungen: -or, -tas, -tio, -tudo.

9 Merkhilfen

1. Nom. + Gen. Sg. vom Vokabellernen oder Nachschlagen bekannt. *2.* Dat. Sg. meist auf -i. *3.* Akk. Sg. bei den Nicht-Neutra auf -m. *4.* Abl. Sg. bei den vokalischen Dekl. auf den »Namen« (z. B. a-Dekl. auf -a), sonst auf -e. *5.* Gen. Pl. auf -um. *6.* Dat. + Abl. Pl. auf -is oder -ibus. *7.* Akk. Pl. sehr oft mit dem Nom. Pl. endungsgleich. *8.* Neutra im Nom. + Akk. Pl. auf -a. *9.* Vor allem Nicht-Neutra der 3. Dekl. im Nom. + Akk. Pl. auf -es.

Konjugationen

Zur Wiederholung findest du hier auch noch einmal die Zusammenstellung der verschiedenen Konjugationen und der Formen von esse im Präsens (Ind. Akt.).

a-Konj.	e-Konj.	i-Konj.	gem. Konj.	kons. Konj.
am-ō (!)	mone-ō	audi-ō	cap-i-ō	reg-ō
amā-s	monē-s	audī-s	cap-i-s	reg-i-s
ama-t	mone-t	audi-t	cap-i-t	reg-i-t
amā-mus	monē-mus	audī-mus	cap-i-mus	reg-i-mus
amā-tis	monē-tis	audī-tis	cap-i-tis	reg-i-tis
ama-nt	mone-nt	audi-u-nt (!)	cap-i-u-nt (!)	reg-u-nt (!)

<u>Im Deutschen:</u>
ich liebe, du liebst, er/sie/es liebt, wir lieben, ihr liebt, sie lieben. (amare)
ich höre, du hörst, er/sie/es hört, wir hören, ihr hört, sie hören. (audire)

esse-Formen

sum	es	est	sumus	estis	sunt
ich bin	*du bist*	*er/sie/es ist*	*wir sind*	*ihr seid*	*sie sind*

Personalendungen

Das Lateinische wird häufig auch als **Endungssprache** bezeichnet. Doch nicht nur die Endungen, sondern das gesamte Wort ähneln einem »Puzzle«. Verben besitzen grundsätzlich einen **Wortstamm** (z. B. den Präsensstamm), evtl. einen **Einschub** und natürlich die (Personal-)Endung.

Personalendungen Präsens Aktiv

1. Per. Sg.	2. Per. Sg.	3. Per. Sg.	1. Per. Pl.	2. Per. Pl.	3. Per. Pl.
ich	du	er/sie/es	wir	ihr	sie
-o/-m	-s	-t	-mus	-tis	-nt

Begrifflichkeiten

Häufig bringen AnfängerInnen die grammatischen Fachbegriffe durcheinander. Damit dir das bei einer etwaigen Prüfung nicht passiert, führe ich dir an dieser Stelle das bisher Gelernte auf:

Verben werden **konjugiert**. Das Konjugieren bezeichnet man als **Konjugation**. **Nomen** werden **dekliniert**. Das Deklinieren bezeichnet man als **Deklination**. Nomen und Verben werden **flektiert** (= gebeugt; Überbegriff für das Deklinieren und Konjugieren). Dies bezeichnet man als **Flexion**. Bitte merken! :-)

Vokabeln lernen

Wie lerne ich schnell und effektiv Vokabeln? Diese Frage stellt sich wohl jede Lateinschülerin und jeder Lateinschüler zu Beginn ihrer/seiner »Lateinlaufbahn«. Manche finden von selbst den richtigen Weg, andere haben bis zum Latinum kein fundiertes Vokabelwissen. Um diesem möglichst früh Abhilfe zu schaffen, sollte man von Anfang an (*ab ovo*) kontinuierlich Vokabeln lernen und wiederholen. Daran führt (auch mit der genialsten Methode) kein Weg vorbei.

Zunächst einmal solltest du herausfinden, zu welchem Lerntyp du gehörst:

- **visueller Lerntyp**
  mit den Augen lernen (Bilder betrachten, lesen, …)
- **auditiver Lerntyp**
  mit den Ohren lernen (hören)
- **haptischer Lerntyp**
  mit den Händen lernen (basteln, aufschreiben, …)
- **sozialer Lerntyp**
  mit anderen (z. B. Freunden) lernen

Die Vokabeln prägen sich am besten ein, wenn du mehrere der Punkte miteinander kombinierst, indem du beispielsweise mit Freunden Karteikärtchen bastelst und ihr euch gegenseitig die Vokabeln vorlest.

Es ist wissenschaftlich erwiesen, dass der Mensch durch »vernetztes« Lernen schneller zum Ziel kommt. Versuche daher stets, neue Vokabeln mit etwas Bekanntem in Verbindung zu bringen. Dies können Namen, Fremdwörter, verwandte Wörter u. a. sein.

1.) Suche dir ähnliche Wörter in deinem bereits vorhandenen Wortschatz:

Typ A: Wörter, die sich im Deutschen gleich oder ähnlich anhören, wie z. B. fenestra (*Fenster*), ager (*Acker*), habere (*haben*) oder cista (*Kiste*).

Typ B: Fremdwörter, assoziiere beispielsweise ius (*Recht*) mit Jura oder Jurist, femina (*Frau*) mit dem Adjektiv feminin oder audire (*hören*) mit Audio.

Typ C: Namen, du kennst möglicherweise einen Felix (*glücklich, erfolgreich*), einen Victor (*Sieger*), eine Beate (*glücklich*), einen Clemens (*gütig, mild*) oder eine Viola (*Veilchen*).

2.) Einfacheres Lernen durch Beherrschen der Präpositionen und dadurch Bilden von Komposita; z. B. *esse: abesse, adesse, deesse, inesse,* … oder *venire: advenire, convenire, invenire,* …

3.) Bildung von Wortfeldern:

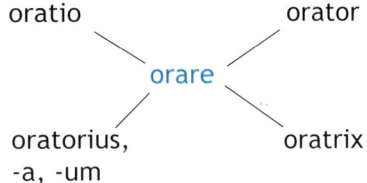

Lernmethoden

Richtig übersetzen

Viele, zu viele SchülerInnen und StudentInnen haben Probleme mit dem Übersetzen lateinischer Sätze oder Texte. Doch gerade die in Schule oder Universitätskurs behandelten Ausschnitte sind häufig (sofern nicht Originallektüre) künstlicher Natur und zielen somit (in der Grammatikphase) hauptsächlich auf die Anwendung und Übertragung grammatikalischer oder syntaktischer Phänomene wie der Pronomina oder des AcI. Allgemein sollte man nach einem bestimmten Schema vorgehen. Wir schlagen das folgende vor:

1. Schritt: Durchlesen

Lies dir den Satz oder gesamten Text zunächst durch. Man sollte hiernach schon grob wissen, von was der Text handelt. Dies ist insofern wichtig, als dass das Lateinische für die meisten Vokabeln eine Vielzahl an Übersetzungen kennt, weshalb man nun schon einschränken kann (z. B. das Substantiv *malum*. In einem religiösen Text wird es wahrscheinlich mit »das Böse« zu übersetzen sein, während man bei einem Kochbuch mit der Bedeutung »Apfel« Sinnvolleres zustande bringen wird).

2. Schritt: Vokabeln nachschlagen

Nachdem du dir den Text durchgelesen hast, weißt du nun, welche Vokabeln oder Phrasen dir unbekannt sind. Schlage diese nach, damit du den Sinn noch klarer erfassen kannst. Sollte ein Wort mit mehreren Übersetzungsmöglichkeiten angegeben sein, hilft dir an dieser Stelle die Kenntnis über die Thematik.

3. Schritt: Subjekt und Prädikat

Nun widmest du dich den einzelnen Sätzen und beginnst beim ersten Satz. Das Springen zwischen den Zeilen von Satz zu Satz ist nicht empfehlenswert, da du so nicht chronologisch über den Verlauf der Handlung informiert bist.
Suche in jedem neuen Satz zunächst das Prädikat, dann das Subjekt. Beginne mit dem Prädikat, da es sein kann, dass das Subjekt in jenem enthalten ist. Das Subjekt steht *immer* im Nominativ. Subjekt und Prädikat stehen im selben Numerus, d. h.: steht das Subjekt im Plural, so muss auch das Prädikat in der Mehrzahl stehen.

4. Schritt: Suche Konstruktionen

Suche nun nach Satzkonstruktionen wie dem AcI oder dem Abl. abs. und nach Phrasen wie z. B. *bellum gerere* (Krieg führen). Die Erkennungsmerkmale findest du in den einzelnen Kapiteln beschrieben.

5. Schritt: Weiteres erfragen

Sollten einzelne Wörter noch unübersetzt geblieben sein, so kannst du dir ihre Bedeutung durch systematisches Fragen erklären.

5. Lektion

Bravo! Du hast es nun schon zum zweiten Teil des Buches geschafft. Auch heute kommen (leider) wieder neue Formen auf dich zu. Ich bin aber davon überzeugt, dass du auch diese Herausforderung meistern wirst. Los geht's!

Grammatik-Grundlagen

Die Steigerung (Komparation)
Adjektive und **Adverbien** können **gesteigert** werden. Man unterscheidet dabei folgende Stufen:

Positiv: gut, schnell
Komparativ: besser, schneller
Superlativ: am besten, am schnellsten

Das Lateinische kennt außerdem noch den **Elativ**, welcher mit dem **Superlativ** **formengleich** ist. Es kann grundsätzlich mit „**sehr**" übersetzt werden. Nicht selten gibt es im Deutschen jedoch eigene Wörter zur Beschreibung (z. B. *pfeilschnell* statt *sehr schnell* oder *pechschwarz* statt *sehr schwarz*).
Bei **Komparativ** und **Superlativ** liegt ein **Vergleich** vor, bei Positiv und Elativ hingegen nicht. Ein Läufer kann *schnell* oder aber auch *pfeilschnell* sein, ist er jedoch *schneller* oder *am schnellsten*, so wird er mit anderen Läufern verglichen. Am Vergleichselement erkennst du für das Übersetzen, ob du als Superlativ oder Elativ übersetzen musst.

Veränderung der Adjektive und Adverbien

Du weißt, dass sich der Lateiner gerne verschiedener Formen bedient; so ist es auch beim Steigern von Adjektiven und Adverbien. Beispiele für die Steigerung:

Positiv	Komparativ	Superlativ/Elativ
longus, -a, -um (Adj.) (a-/o-Dekl.)	longior, -ius (kons. Dekl.)	longissimus, -a, -um (a-/o-Dekl.)
longe (Adv.)	longius	longissime
brevis, -e (Adj.)	brevior, -ius	brevissimus, -a, -um
breviter (Adv.)	brevius	brevissime
prudens, entis (Adj.)	prudentior, -ius	prudentissimus, -a, -um
prudenter (Adv.)	prudentius	prudentissime
facilis, -e	facilior, -ius	facillimus, -a, -um
pulcher, -chra, -chrum	pulchrior, -ius	pulcherrimus, -a, -um

-ior = m./f.; -ius = n.

Anmerkung: Adverbien (Adv.) werden im Gegensatz zu Adjektiven (Adj.) nicht dekliniert und haben daher nur die o. g. Endung.
Die Endungssignale des Superlativs sind:
-issimus (3), -limus (3) und -rimus (3). *(3 = -a, -um)*
Wichtig: -(il)limus gilt nur bei Wörtern auf **-lis** (z. B. *facilis*)

5. Lektion

Unregelmäßige Steigerung

Positiv	Übersetzung	Komparativ	Superlativ/Elativ
magnus, -a, -um	*groß*	māior, maius	māximus, -a, -um
parvus, -a, -um	*klein*	minor, minus	minimus, -a, -um
bonus, -a, -um	*gut*	melior, melius	optimus, -a, -um
malus, -a, -um	*schlecht*	peior, peius	pessimus, -a, um
multī, -ae, -a	*viele*	plūrēs, plūra	plūrimī, -ae, -a
multum	*viel*	plūs	plūrimum

Schon gewusst?

Ein neuerdings gern gesehener Fehler im Deutschen ist die Steigerung von Superlativen – an der Tabelle oben erkennst du, dass dies nicht möglich ist. Daher sind Kreationen wie z. B. »einzigSTE(R)« einfach zum Haareraufen ;)

Jetzt folgt ein – zugegebenermaßen sehr umfangreicher – Vokabelblock. Schau ihn dir am besten zunächst nur einige Minuten an; unterbreche dann und gönne dir eine kurze Pause. Vielleicht ein kleiner Spaziergang? Frische Luft schadet nicht: mens sana in corpore sano (= ein gesunder Geist ist/wohnt in einem gesunden Körper). Nach dieser Unterbrechung beschäftigst du dich noch einmal intensiv mit den neuen Vokabeln und beginnst dann mit dem Übersetzen bzw. Lesen des Textes. Heute Abend liest du dir dann noch einmal die Wörter durch – beim Träumen wiederholt dein Gehirn noch einmal, ohne dass du es merkst. Viel Erfolg!

Lernwörter

aedificium, -ii n.	Gebäude	
aestas, -atis f.	Sommer	F: été
ait; aiunt	er/sie sagt; sie sagen	
apud (*Präp. m. Akk.*)	an; bei	
at	aber	
atque, ac	und	
civis, -is m./f.	Bürger(in)	zivil
cuncti, -ae, -a	alle	
deinde	dann; darauf	
delectare, -o, -avi, -atum	(jem.) erfreuen	F: délecter
edere, -o, -i, esum	essen	„essen"
et ... et ...	sowohl ... als auch ...	
exspectare, -o, -avi, -atum	erwarten	E: to expect
fortasse	vielleicht	
homo, hominis m.	Mensch; Mann	Homo sapiens

iam	schon	
inquam; inquit	ich sage; er/sie sagt	
invenire, -io, -i, -ventum	finden; erfinden	E: to invent
iste, -a, -ud	dieser, diese, dieses da	
itaque	deshalb	
licet	es ist erlaubt	
lux, lucis f.	Licht	Lux
magnus, -a, -um	groß	
mons, montis m.	Berg	E: mount
multitudo, -tudinis f.	Menge	
nos	uns; wir	
parvus, -a, -um	klein	
pauci, -ae, -a	wenige	
per *(Präp. m. Akk.)*	durch (... hindurch); über (... hinüber)	per
petere, -o, -ivi, -itum	(irgendwo) hingehen, -eilen; etw. erstreben; aufsuchen; angreifen; (er-)bitten	Petition
posse, possum, potui, -	können	Primus; primär
primus, -a, -um	der erste	
procul	in der Ferne, fern	
quaerere, -o, quaesivi, quaesitum	suchen; fragen	
quamquam	obwohl	
rogare, -o, -avi, -atum	fragen	
se/sese *(verstärkend)*	sich; er/sie	
sermo, -onis m.	Gespräch; Unterhaltung	E: state
stare, sto, steti, statum	stehen	
tamen	dennoch	

Text 9: Quid maximum est?

Prima luce amici, qui per forum ambulant, Aurelium patrem quaerunt, eum invenire autem non possunt. „Ubi est Aurelius?" Claudia ceteros pueros rogat. Marcus dicit: „Fortasse nos apud Colosseum exspectat.". Deinde liberi ad Colosseum eunt. „Videte, amici! Ubique sunt templa atque monumenta. Hoc templum magnum est." Marcus ait. „Istud aedificium", inquit Titus „autem maius est". Publius dicit: „At Colosseum aedificium maximum est." „Mons Vesuvius maximus est, Publi, non Colosseum." Claudia parva dicit. Publius ei respondet: „Vesuvius mons aedificium non est, mea Claudia." Omnes rident. Liberi, qui Colosseum petunt, Aurelium patrem procul iam stare vident.

Aestate multi homines Forum Romanum petunt. Itaque multitudo hominum in foro est. Cuncti ambulant, sermonibus se delectant et rident. Servis non per forum ambulare licet. Laborare debent. Servis non per forum ambulare licet, quod laborare debent. Iis, qui servi sunt, per forum ambulare non licet, quia laborare debent. Eae, quae servae sunt, per forum non ambulant, quia laborare debent.

Cives Romani quoque laborant. Cur laborant? Servi non sunt. Quamquam servi non sunt, tamen laborare debent, quia edere volunt.

Nunc et liberi et dominus Aurelius per forum currunt. Dominus Aurelius cum liberis per forum currit. Liberi paucos homines templum magnum intrare vident. Ubique templa magna sunt.

Hilfen: *intrare* = betreten, eintreten; *monumentum* = Monument; *ambulare* = spazieren (gehen); *videte!* = Imperativ von *videre*

Abb. unten: Tempel des Saturn

Quickinfo: Alltag in Rom

Text: Dr. Joachim Losehand

Das Leben im alten Rom war – wie auch heute in den modernen Metropolen – von großen Gegensätzen geprägt. Unermesslicher Reichtum und lustvolle Verschwendung auf der einen Seite, bittere Armut auf der anderen; und dazwischen alle Schattierungen und Abstufungen des Wohlstands. An der Prachtentfaltung der Kaiser, welcher von den *nouveaux riches* und der Aristokratie nachgeeifert wurde, die aber nicht übertrumpft werden durfte, nahmen der Großteil der Bevölkerung nur als Zuschauer, z. B. der Wagenrennen, Tierhatzen und Gladiatorenspiele, teil. Diese Belustigungen, welche durchaus ähnliche Anhängerscharen in Clubs sammelte wie heute der z. B. Fußball, waren für die Masse der urbanen *plebs* kostenfrei und stellten, wie die kostenlosen Getreidespenden der Herrscher, ihren Anteil an der Herrschaftssicherung. Die Zahl der Feste und Feiertage, an denen Spiele abgehalten wurden, erhöhte sich ständig, um die Mehrzahl der Stadtbewohner, die sich mehr recht als schlecht von Tag zu Tag durchschlug, zu beschäftigen und zu unterhalten.

Während die Oberschicht in Stadthäusern mit integriertem Garten – den sog. *domus* – lebte, wohnten die meisten in großen Mietblocks mit vielen Stockwerken, die eng aneinander gebaut waren und zumeist bald nach der Fertigstellung Schäden aufwiesen. Feuersbrünste waren in der Antike gang und gäbe; zwar gab es seit Augustus eine organisierte Feuerwehr und an den meisten Straßenecken Brunnenwasser, aber nur allzu oft konnte man dem Feuer lediglich zusehen oder es wenigstens am Übergreifen hindern. Fließend Wasser hatten nur die unteren beiden Stockwerke eines Mietshauses (*insula*), in dem dann konsequenter Weise die vermögenderen Bewohner lebten. Die anderen mussten sich mit ein oder zwei dunklen Zimmern zufrieden geben.

Das Grund- und Hauptnahrungsmittel der einfachen Stadtbevölkerung waren Getreide oder Gemüse, dunkles Fleisch stammte in der Antike vornehmlich aus den Opferriten für die Götter, Geflügel oder Fisch konnte man in den Straßenläden oder auf den Märkten, die sich in der Nähe des Tibers befanden, erwerben.

Abb. unten: Domus Augustana; Hofbereich

Übungen

1. Aufgabe: Steigerung — Fülle die Lücken aus.

Positiv	Komparativ	Superlativ (Elativ)
nobilis, -e	nobilior, -ius	nobilissimus, a, um
magnus, a, um	maior, -ius	maximus, -a, -um
longe	longius	longissime
malus, a, -um	peior, -ius	pessimus, a, um
fortis, -e	fortior, -ius	fortissimus, -a, -um
bonus, -a, -um	melior, melius	optimus, a, um
bene	melius	optime
potens, entis	potentior, ius	potentissimus, -a, -um
multi, -ae, -a	plures, a	plurimi, ae, a
multum	plus	plurimum
parvus, a, um	minor, -us	minimus, a, um

2. Aufgabe: O tempora! - Oh, (ihr) Zeiten!
Finde die korrekten Wiedergaben im Deutschen.
sub vesperum   *bei Tagesanbruch*
prima luce   *in alten Zeiten*
anno MMVI   *gegen Abend*
antiquis temporibus   *im Jahre 2006*

3. Aufgabe: Übungssätze deutsch-lateinisch (fakultativ)
1. Die Kinder spazieren über das Forum.
2. Viele Menschen spazieren über das Forum.
3. Aurelius spaziert nicht, sondern steht und erwartet die Kinder.
4. Dieser Tempel ist groß, jener aber größer.

6. Lektion

Ausgezeichnet! Du machst riesige Schritte in Richtung Latinum; und mal ehrlich: so schlimm ist es doch auch wieder nicht, oder?
Heute wirst du dich mit drei kleinen Texten beschäftigen und dabei eine weitere Zeit kennenlernen: das Imperfekt. Viel Erfolg!

Grammatik-Grundlagen

Das Imperfekt
Das **Imperfekt** (im Deutschen meist *Präteritum* genannt) bezeichnet die **Dauer**, **Wiederholung** oder auch den **Versuch** einer **Handlung** in der **Vergangenheit**. Es ist, anders als im Deutschen, **kein Erzähltempus**. Das Imperfekt dient vielmehr der **Beschreibung** von **Zuständen** oder **Hintergrund-** bzw. **Nebenvorgängen**.

Imperfekt Indikativ Aktiv

a-Konj.	e-Konj.	i-Konj.	gem. Konj.	kons. Konj.
amā-ba-**m**	monē-ba-**m**	audi-ēba-**m**	cap-i-ēba-**m**	reg-ēba-**m**
amā-bā-**s**	monē-bā-**s**	audi-ēbā-**s**	cap-i-ēbā-**s**	reg-ēbā-**s**
amā-ba-t	monē-ba-t	audi-ēba-t	cap-i-ēba-t	reg-ēba-t
amā-bā-**mus**	monē-bā-**mus**	audi-ēbā-**mus**	cap-i-ēbā-**mus**	reg-ēbā-**mus**
amā-bā-**tis**	monē-bā-**tis**	audi-ēbā-**tis**	cap-i-ēbā-**tis**	reg-ēbā-**tis**
amā-ba-**nt**	monē-ba-**nt**	audi-ēba-**nt**	cap-i-ēba-**nt**	reg-ēba-**nt**

Im Deutschen:
ich liebte, du liebtest, er/sie/es liebte, wir liebten, ihr liebtet, sie liebten.
ich hörte, du hörtest, er/sie/es hörte, wir hörten, ihr hörtet, sie hörten.

Die Formen von *esse* (sein) im Imperfekt

era-m	erā-s	era-t	erā-mus	erā-tis	era-nt
ich war	*du warst*	*er/sie/es war*	*wir waren*	*ihr wart*	*sie waren*

e-Deklination

diēs, -ēi m. - der Tag

	Singular	Plural
Nominativ	di-**ēs** (der Tag)	di-**ēs** (die Tage)
Genitiv	di-**ēi** (des Tages)	di-**ērum** (der Tage)
Dativ	di-**ēi** (dem Tag)	di-**ēbus** (den Tagen)
Akkusativ	di-**em** (den Tag)	di-**ēs** (die Tage)
Ablativ	di-**ē** (am Tag)	di-**ēbus** (an den Tagen)

6. Lektion

u-Deklination

exercitus, -ūs m. - das Heer

	Singular	Plural
Nominativ	exercit-**us** (das Heer)	exercit-**ūs** (die Heere)
Genitiv	exercit-**ūs** (des Heeres)	exercit-**uum** (der Heere)
Dativ	exercit-**uī** (dem Heer)	exercit-**ibus** (den Heeren)
Akkusativ	exercit-**um** (das Heer)	exercit-**ūs** (die Heere)
Ablativ	(ab) exercit-**ū** ((vom) Heer)	(ab) exercit-**ibus** ((von) den Heeren)

cornū, -ūs n. - das Horn

	Singular	Plural
Nominativ	corn-**ū** (das Horn)	corn-**ua** (die Hörner)
Genitiv	corn-**ūs** (des Horns)	corn-**uum** (der Hörner)
Dativ	corn-**ū** (dem Horn)	corn-**ibus** (den Hörnern)
Akkusativ	corn-**ū** (das Horn)	corn-**ua** (die Hörner)
Ablativ	(a) corn-**ū** ((vom) Horn)	(a) corn-**ibus** ((von) den Hörnern)

Lernwörter

antiquus, -a, -um	alt	„antik"
civitas, -atis f.	Staat, Stamm	
clarus, -a, -um	berühmt; hell	„klar"
consul, -ulis m.	Konsul	„Konsul"
contendere, -o, -i, -entum	kämpfen	
contra (*Präp. m. Akk.*)	gegen	„kontra"
hodie	heute	
illustris, -e	berühmt	illuster
imperare, -o, -avi, -atum	befehlen, -herrschen	Imperativ (Befehlsform)
legere, -o, -i, lectum	lesen	Lektion
miles, militis m.	Soldat	Militär
odium, -ii n.	Hass	
oratio, -onis f.	Rede	
orator, -oris m.	Redner	
orbis, -is m. (terrarum)	(Erd-)Kreis	Orbit
plerumque	meistens	
proelium, -ii n.	Kampf	
saepe	oft, häufig	
tempus, -oris n.	Zeit	Tempus; temporär
terra, -ae f.	Erde, Land	
totus, -a, -um	ganz	total
vincere, -o, vici, victum	besiegen	
virtus, virtutis f.	Tapferkeit, Tugend	

Text 10: De viris illustribus

Antiquis temporibus Romani paene toti orbi terrarum imperabant. Milites Romani cum multis civitatibus bella gerebant et plerumque vincebant. Itaque Hannibali, imperatori Carthaginiensi, magno odio erat. Qua de causa iste vir magnae virtutis saepe cum Romanis proeliis contendebat.

Et Gaius Iulius Caesar atque Marcus Tullius Cicero viri magni ingenii erant. C. Iulius Caesar, qui consul erat, bellum contra Gallos gerebat. Eo de bello commentarios scribebat: De bello Gallico.

M. Tullius Cicero orator clarissimus erat, cuius orationes in Verrem atque Catilinam etiam hodie discipuli discipulaeque legunt.

Hilfen: in = gegen; **paene** = fast; **ingenium** = Talent;
commentarius = Kommentar; **Gallicus** = gallisch

Caesar   *Cicero*   *Hannibal*

Pronominaladjektive

Vielleicht, sofern es dir überhaupt aufgefallen ist, wunderst du dich über die Dativ-Form *toti* (statt *toto* zu *totus, -a, -um*). Bei *totus, -a, -um* handelt es sich um ein sog. Pronominaladjektiv (also von der Begrifflichkeit her eine Kombination aus Pronomen und Adjektiv). Von den Pronomina *is/ea/id* z. B. kennst du die Dat. Sg.-Endung **-i** (*ei*, aber auch *cui* zu *qui/quae/quod*). Pronominaladjektive endigen im **Gen. Sg. auf -ius** (z. B. *totius*) und im **Dat. Sg. auf -i** (*toti*), ansonsten werden sie wie »normale« Adjektive der a-/o-Deklination flektiert/gebeugt (z. B. *bonus*). Zur Gruppe der Pronominaladjektive gehören:
unus, -a, -um (unius, uni = eine/r), **ullus, -a, -um** (irgendeine/r), **solus, -a, -um** (allein), **totus, -a, -um** (ganz), **alter, -era, -erum** (ein/e andere/r), **alius, -a, -ud** (ein/e andere/r), **uter?, -tra, -trum** (wer von beiden?), **uter-, utra-, utrumque** (jeder von beiden), **neuter, -tra, -trum** (keine/r von beiden; daher das Neutrum).

6. Lektion

Quickinfo: Patrizier und Plebejer

Nach Vertreibung des letzten etruskischen Königs im Jahre 510 v. Chr. riss der römische Adel, die sog. **Patrizier**, die Macht an sich. So konnten nur Patrizier **Priester** werden oder **hohe politische Ämter** bekleiden. Dies bedeutet allerdings nicht, dass die **Plebejer** (von *plebs* = das Volk) über kein Vermögen verfügten oder gar mittellos waren. Wie auch heute gab es viele reiche **„Normalbürger"**, welche ihr Geld z. B. durch (Sklaven-)Handel verdienten.

Der **Kriegsdienst** aber blieb über lange Zeit hinweg bei den adligen **Rittern** (*equites*). Dieser Zustand konnte jedoch mit stark zunehmender Kriegsführung nicht aufrechterhalten werden, so dass auch das übrige Volk herangezogen werden musste.

Da sich die Plebejer jedoch nicht ohne weiteres für den Kriegsdienst ausnutzen lassen wollten, forderten sie einen entsprechenden **Machtanteil**. Die Patrizier – ihre Macht schwinden sehend – sahen dies nicht ein, mit der Folge, dass die Plebejer opponierten und sich schließlich **größere gesetzliche Gleichstellung** (Zwölftafelgesetz) erstritten.

Domus Augustana

Lernwörter

administrare, -o	verwalten	administrieren
annus, -i m.	Jahr	anno domini (a. d.)
circiter	ungefähr	
civilis, -e	Bürger-; bürgerlich	„zivil"
instituere, -uo	aufstellen, errichten	Institution
longe	lang	
longus, -a, -um	lang, weit	„lang"
nobilitas, -atis f.	Adel	nobel
peritus, -a, -um	erfahren	
plebs, plebis f.	(niederes) Volk	Plebejer
praeesse, -sum	an der Spitze stehen	
regere, -o	herrschen, regieren	„regieren"
res, rei f.	Sache, Ding	
res publica f.	Republik, Staat	
sedere, -eo	sitzen	
unus, -a, -um	ein	

Text 11: De re publica

Antiquis temporibus non plebs, sed nobilitas urbem Romam regebat et rem publicam instituebat. Consules, qui rerum civilium periti erant, rei publicae praeerant. At non longe ad gubernacula rei publicae sedebant: per CCCL circiter dies – id est unum annum – eam administrabant.

> **Hilfen:**
> (vir) rerum civilium peritus – jemand, der sich in der Politik gut auskennt
> rei publicae praeesse – an der Spitze des Staates stehen
> ad gubernacula rei publicae sedere – die Führung im Staat innehaben
> id est – das heißt

Lernwörter

alius, alia, aliud	ein anderer	
e, ex (*Präp. m. Abl.*)	aus (... heraus)	
exercitus, -us m.	Heer	
exire, -eo	hinausgehen	
navis, -is f.	Schiff	E: navy
navis longa f.	Kriegsschiff	
portus, -us m.	Hafen	E: port
quidam, quaedam, quoddam	ein gewisser	
solvere, -o	lösen, zahlen	E: to solve
tollere, -o	aufheben, erheben	

6. Lektion

Text 12: In portu

Hodie amici ad portum currunt. Multi naves ad ancoras deligatae sunt. Ibi navis oneraria est, e qua pauci homines exeunt. Alii homines, qui mercatores sunt, hanc navem petunt. In portu naves longae non sunt, nam exercitus Romani bellum gerunt. Amici virum quendam ancoram tollere vident: navis e portu solvit.

Hilfe: ad ancoras deligatum esse – vor Anker liegen; **navis oneraria** - Lastschiff; **navis longa** - Kriegsschiff; **ancoram tollere** - den Anker lichten; **navis e portu solvit** - das Schiff läuft aus dem Hafen aus.

Übungen

1. Aufgabe: Präsens vs. Imperfekt
Gib an, ob die Verbform im Präsens oder Imperfekt steht und bilde die jeweils andere Zeit.
Bsp.: audit (Präsens von audire) = audiebat.
a) eratis
b) facit
c) dicebamus
d) habeo
e) accipis
f) petebant

2. Aufgabe: Deklinationsübung
Dekliniere in alle Kasus (Singular und Plural).
a) res
b) res publica
c) dies constituta
d) acies
e) senatus
f) senatus populusque Romanus

3. Aufgabe: Überall res! Verbinde mit der korrekten Übersetzung!

res publica	Taten
res militaris	deshalb
res gestae	Staat
novis rebus studere	Kriegswesen
ob eam rem	nach Umsturz streben

7. Lektion

Nachdem du in der letzten Lektion das Imperfekt kennengelernt hast, geht es heute mit zwei weiteren wichtigen Tempora (= Zeiten) weiter. Gehirn anschalten, Konzentration hochfahren, fertig und – los!

Das Perfekt

Das **Perfekt** dient vor allem
- zur **Erzählung** einer **einmaligen Handlung** in der **Vergangenheit**
- zur **Feststellung** einer **Tatsache** in der **Vergangenheit**

Hinweis: Häufig wird das Perfekt dem deutschen Sprachgebrauch entsprechend als Imperfekt übersetzt (z. B. *sah* statt *hat gesehen*).

Perfekt Indikativ Aktiv

a-Konj.	e-Konj.	i-Konj.	gem. Konj.	kons. Konj.
amāv-**ī**	monu-**ī**	audīv-**ī**	cēp-**ī**	rēx-**ī**
amāv-**istī**	monu-**istī**	audīv-**istī**	cēp-**istī**	rēx-**istī**
amāv-**it**	monu-**it**	audīv-**it**	cēp-**it**	rēx-**it**
amāv-**imus**	monu-**imus**	audīv-**imus**	cēp-**imus**	rēx-**imus**
amāv-**istis**	monu-**istis**	audīv-**istis**	cēp-**istis**	rēx-**istis**
amāv-**ērunt**	monu-**ērunt**	audīv-**ērunt**	cēp-**ērunt**	rēx-**ērunt**

Im Deutschen:
ich habe, du hast, er/sie/es hat, wir haben, ihr habt, sie haben geliebt
ich habe, du hast, er/sie/es hat, wir haben, ihr habt, sie haben gehört

Das Plusquamperfekt

Das **Plusquamperfekt** kann nur in **Beziehung** zu einer **anderen Zeit** (der **Vergangenheit**) stehen, um die **Vorzeitigkeit gegenüber dieser** auszudrücken.

Plusquamperfekt Indikativ Aktiv

a-Konj.	e-Konj.	i-Konj.	gem. Konj.	kons. Konj.
amāv-era-**m**	monu-era-**m**	audīv-era-**m**	cēp-era-**m**	rēx-era-**m**
amāv-erā-**s**	monu-erā-**s**	audīv-erā-**s**	cēp-erā-**s**	rēx-erā-**s**
amāv-era-**t**	monu-era-**t**	audīv-era-**t**	cēp-era-**t**	rēx-era-**t**
amāv-erā-**mus**	monu-erā-**mus**	audīv-erā-**mus**	cēp-erā-**mus**	rēx-erā-**mus**
amāv-erā-**tis**	monu-erā-**tis**	audīv-erā-**tis**	cēp-erā-**tis**	rēx-erā-**tis**
amāv-era-**nt**	monu-era-**nt**	audīv-era-**nt**	cēp-era-**nt**	rēx-era-**nt**

Im Deutschen:
ich hatte, du hattest, er/sie/es hatte, wir hatten, ihr hattet, sie hatten geliebt
ich hatte, du hattest, er/sie/es hatte, wir hatten, ihr hattet, sie hatten gehört

7. Lektion

Die Formen von *esse* (sein) im Perfekt

fu-ī	fu-istī	fu-it	fu-imus	fu-istis	fu-ērunt
ich bin gewesen	du bist gewesen	er/sie/es ist gewesen	wir sind gewesen	ihr seid gewesen	sie sind gewesen

Die Formen von *esse* (sein) im Plusquamperfekt

fu-eram	fu-erās	fu-erat	fu-erāmus	fu-erātis	fu-erant
ich war gewesen	du warst gewesen	er/sie/es war gewesen	wir waren gewesen	ihr wart gewesen	sie waren gewesen

Schon gewusst?

Lesen baedrf der aneuhrscedein Übung. Je mehr du leist, dseto shcelelnr wrsit du Tetxe vehreestn könenn — das ist im Lateinischen nchit andres. Dhaeslb ephmlefe ich dir, mögsilhct veil zu lseen; auch wenn du zunäcsht nithcs/nihct viel versthset. Deeisr knelie Txet wurde nciht im Lektorat überehesn. Er ist vilhemer Beiews dafür, dsas du dstehuce Texte — arfuugnd der häuifgen Kaornttionfon mit inehn — fsat blnid lseen ksnant...

Lernwörter

appellare, -o, -avi, -atum	ansprechen, nennen	appellieren
aqua, -ae f.	Wasser	
caelum, -i n.	Himmel	
comprehendere, -o, -i, comprehensum	ergreifen, fassen	E: comprehend
creare, -o, -avi, -atum	erschaffen	kreieren, Kreation
deus, -i m. (*Nom. Pl.* dei/dii/di)	Gott	
dividere, -o, -visi, -visum	teilen, trennen	dividieren
facere, -io, feci, factum	tun, machen	Fazit, Fakt
inanis, -e	leer; vergeblich	E: inane
ipse, -a, -um	er/sie/es selbst	
mittere, -o, misi, missum	senden, schicken	Mission
nomen, nominis n.	Name	Nomen
sine (*Präp. m. Abl.*)	ohne	
sub (*Präp. m. Akk./Abl.*)	unter	
super (*Präp. m. Akk.*)	über	super
tenebrae, -arum f. (Pl.)	Finsternis, Dunkelheit	
vacuus, -a, -um	leer, frei	Vakuum
verbum, -i n.	Wort	Verb

Text 13: In principio... I

In principio Deus caelum et terram creavit. Terra autem inanis et vacua erat. Itaque Deus dixit »Fiat lux!« et lux facta est. Tum Deus lucem bonam esse vidit et divisit lucem ac tenebras. Appellavit lucem »diem« et tenebras »noctem«. Vespere et mane facta sunt. Deus firmamentum quoque fecit et divisit aquas, quae sub firmamento erant, ab his, quae super firmamentum erant. Istud firmamentum „Caelum" vocavit.

Hilfen: fiat lux! = es werde Licht!; **vespere et mane** = der Abend und Morgen; **firmamentum** = Firmament

Text 14: In principio... II

In principio erat verbum et verbum erat apud Deum et Deus erat verbum. Hoc erat in principio apud Deum. Omnia per ipsum facta sunt et sine ipso factum est nihil, quod factum est. In ipso vita erat et vita erat lux hominum. Et lux in tenebris lucet et tenebrae eam non comprehenderunt. Fuit homo missus a Deo, cui nomen Iohannes erat.

Hilfe: lucere – leuchten

Quickinfo: Rom und das Christentum

Trotz der bekannten **Christenverfolgungen** waren die Römer gegenüber neuen Religionen sehr offen eingestellt und **„übernahmen"** nicht selten **Gottheiten** anderer Glaubensrichtungen. Der christliche Glauben ließ sich jedoch aufgrund der **monotheistischen Grundhaltung** („du sollst keinen anderen Gott haben neben mir") nicht mit dem Vielgötterglauben der Römer vereinen.
Vor allem bei den ärmeren römischen Bürgern und Sklaven erfreute sich das Christentum schnell großer Beliebtheit, da es ein besseres Leben nach dem Tode versprach.
Bei der Oberschicht hingegen war der „neue Glaube" zunächst noch verpönt und gewann erst ab dem 3. Jh. n. Chr. Anhänger. Kaiser **Nero** ließ in der Mitte des 1. Jh.s n. Chr. Christen verfolgen, um von seiner (wahrscheinlichen) **Brandstiftung** in Rom abzulenken. Erst zweieinhalb Jahrhunderte später, nämlich 313, wurde den Christen durch das **Toleranzedikt Konstantins** die **völlige Religionsfreiheit** garantiert. Ende des 4. Jh.s wurde das Christentum schließlich unter **Kaiser Theodosius** zur **Staatsreligion**.

Übungen

1. Aufgabe: Perfekt oder Plusquamperfekt?

Gib an, ob es sich um eine Form des Perfekts oder des Plusquamperfekts handelt. Nenne die anderen Zeiten (Präsens, Imperfekt, Perfekt/Plusquamperfekt) in derselben Person.

Bsp.: audivit = 3. Per. Sg. Perfekt von audire. (Präsens: audit; Imperfekt: audiebat; Plusquamperfekt: audiverat)

a) habuerat

b) fecerunt

c) dixi

d) egeras

e) petivimus

f) viderant

2. Aufgabe: Deklinationsübung

Gib an, zu welcher Deklination das Substantiv gehört und nenne den Nom. Sg.

Bsp.: exercitui von exercitus = u-Dekl./4. Dekl.

a) diebus

b) amicas

c) omnium

d) castra

e) turri

f) senatores

3. Aufgabe: Formen von esse

Findest du alle 12 versteckten Formen von esse?

	A	B	C	D	E	F	G	H
1	E	S	T	Q	U	I	O	P
2	Q	W	A	E	R	A	S	L
3	I	S	A	S	U	M	X	M
4	T	N	A	R	E	G	F	K
5	S	T	R	V	F	U	I	T
6	I	C	C	R	U	I	I	N
7	U	P	A	E	R	N	O	U
8	F	U	E	R	A	M	U	S

8. Lektion

Du bist bis zur 8. Lektion vorgedrungen und kannst hierauf sicher stolz sein. Ruhe dich jedoch nicht auf den bekannten Lorbeeren aus, sondern konzentriere dich jetzt/heute ganz besonders gut: Es geht um die wohl wichtigste lateinische Satzkonstruktion überhaupt; also merk auf! :-)

Grammatik-Grundlagen

AcI

Der **AcI** (lat.: Accusativus cum Infinitivo; dt.: Akkusativ mit Infinitiv) ist eine häufige lateinische **Satzkonstruktion**. Er steht nach **Verben des Fühlens/Meinens/Sagens/Denkens**, den sog. **verba sentiendi** und **dicendi**, manchmal auch als „Kopfverben" bezeichnet. Außerdem steht er nach **unpersönlichen Ausdrücken** (z. B. constat – es steht fest).

Bsp.:
Marcus Claudiam clamare audit.
Subjekt Akkusativ Infinitiv Prädikat (Kopfverb)

Übersetzungstipps:
1. Der Akkusativ wird zum Subjekt und der Infinitiv zum Prädikat, falls
2. der AcI-Teil in einen „dass-Nebensatz" aufgelöst wird, was immer möglich, jedoch häufig nicht die eleganteste Lösung ist.

Bsp.:
Marcus Claudiam clamare audit.

Ü1: Marcus hört, dass Claudia ruft.
Ü2: Marcus hört Claudia rufen (wörtl.).

Acht geben musst du bei der Verwendung des Pronomens im Akkusativ. Während sich Formen von *is, ea, id* (z. B. *eum* oder *eam*) auf eine andere Person beziehen, bezieht sich das Reflexivpronomen *se* auf die sprechende/schreibende Person.

Beispiele:
*Scio me **nescire**.* - Ich weiß, dass ich nichts weiß.
*Scio me **stultum esse**.* - Ich weiß, dass ich dumm bin.
*Scio eum **nescire**.* - Ich weiß, dass er nichts weiß.
*Scio eum **stultum esse**.* - Ich weiß, dass er dumm ist.
*Scit se **nescire**.* - Er weiß, dass er nichts weiß.
*Scit se **stultum esse**.* - Er weiß, dass er dumm ist.

8. Lektion

NcI

Der **NcI** (lat.: Nominativus cum Infinitivo; dt.: Nominativ mit Infinitiv) ist eine dem AcI sehr nahestehende Satzkonstruktion. Sie wird allerdings wesentlich seltener benutzt, nämlich dann, wenn ein Verb, das im Aktiv den AcI nach sich zieht, im Passiv steht. Die Verben *videri* (scheinen), *dici/dicitur* (gesagt werden; man sagt), *iuberi* (befohlen werden), *fertur/feruntur* (man erzählt) und *traditur/traduntur* (es wird überliefert/man überliefert) sind ein Indikator für den NcI.

Bsp.:
Verum dicere videris. - *Du scheinst* die Wahrheit zu sagen.

Lernwörter

arbitrari *(Formen später)*	glauben, meinen	
ars, artis f.	Kunst	E: art
artificium, -ii n.	Kunstwerk	E: artificial
colere, -o, -ui, cultum	verehren; pflegen; bebauen	Kult(ur)
constat	es steht fest	konstatieren
ducere, -o, duxi, ductum	führen	
dux, ducis m.	(An-)Führer	
fere	fast, ungefähr	
ferre, fero, tuli, latum	tragen, bringen	(trans-)ferieren
gens, gentis f.	Geschlecht, Stamm	
idem, eadem, idem	der-, die-, dasselbe	
imperium, -ii n.	Reich, Herrschaft, Befehl	Imperium
initium, -ii n.	Anfang; Beginn	Initial
invenire, -io, -i, -ventum	(er-)finden	E: to invent
inventor, -oris m.	Erfinder	E: inventor
iter, itineris n.	Reise, Weg	
maxime	am meisten	maximal
morbus, -i m.	Krankheit	
opinio, -onis f.	Meinung	E: opinion
opus, operis n.	Werk; Arbeit	Opus
pecunia, -ae f.	Geld	F: pécuniaire
plurimi, -ae, -a	die meisten, sehr viele	Plural
post *(Präp. m. Akk.)*	nach; hinter	post-
putare, -o, -avi, -atum	glauben	
quaestus, -us m.	Erwerb	
reliqui, -ae, -a	die übrigen	
simulacrum, -i n.	(Götter-)Bild	
tenere, -eo, -ui, tentum	halten	Kontinent
tradere, -o, -didi, -ditum	übergeben; überliefern	tradieren; Tradition
via, -ae f.	Weg, Straße	
vis (**Sg.** Akk.: *vim*; Abl. *vi*; **Pl.** Nom./Akk. *vires*; Gen. *virium*; Dat./Abl. *viribus*)	Kraft, Gewalt	

Text 15: Über die Götter

Romanos multos deos colere constat. Iovem autem maxime colunt. Germani deum Mercurium maxime colunt: huius sunt plurima simulacra; hunc inventorem omnium artium ferunt, hunc viarum atque itinerum ducem; hunc ad quaestus pecuniae mercaturasque vim maximam habere arbitrantur.

Post Mercurium Apollinem, Martem, Iovem et Minervam colunt. De his eandem fere quam reliquae gentes opinionem habent. Nam putant Apollinem morbos depellere, Minervam operum atque artificiorum initia tradere, Iovem imperium caelestium tenere et Martem bella regere.

Hilfen: Iovem (Akk.) = Juppiter; ferunt = sie berichten; vis = (hier) Bedeutung

Lernwörter

cognoscere, -o, cognovi, cognitum	erkennen, erfahren	kognitiv
decet	es ziemt sich	
differre, -fero, distuli, dilatum	sich unterscheiden, auseinandertragen	Differenz
ingenium, -ii n.	Talent	Ingenieur
institutum, -i n.	Einrichtung, Brauch	Institut
inter *(Präp. m. Akk.)*	zwischen, unter	inter(-national)
iubere, -eo, iussi, iussum	befehlen	
lex, legis f.	Gesetz	legal, Legislative
parere, -eo, -ui, -	gehorchen	parieren

Übungssätze: AcI

1. Audio sororem cantare.

cantare = singen

2. Iubeo te venire.

3. Decet te parere.

4. Putant te laborare.

5. Video puerum puniri.

puniri = bestraft werden

6. Volo te/me primum esse.

primum = erster

7. Puella patrem venire videt.

8. Constat M. Tullium Ciceronem virum magni ingenii fuisse.

9. Gentes Gallicae lingua, institutis et legibus inter se differre Caesar cognovit.

Gallicus = gallisch

8. Lektion

Quickinfo: Religion und Mythologie

Im **römischen Götterhimmel** wohnte eine Vielzahl von Gottheiten. Dies stellt bereits den ersten großen Unterschied zum **christlichen Monotheismus** dar. Da die Römer ihre Götter (nahezu) 1:1 von den **Griechen übernommen** hatten, verwundert es nicht, dass sowohl **Eigenschaften** als auch **Aussehen** dem **griechischen Vorbild** entsprachen.

Die wichtigsten Götter waren:
Apoll(o): Gott der **Wissenschaften**, **Medizin** und der **Weissagung**
Bacchus: Gott des **Weins**
Bona Dea: Göttin der **Fruchtbarkeit** und der **Frauen**
Ceres: Göttin des **Ackerbaus**
Diana: Göttin des **Mondes** und der **Jagd**
Janus: Gott des **Anfangs** und des **Endes**
Jupiter: **Göttervater**; Gott des **Blitzes** und des **Donners**
Juno: Göttin der **Geburt** und der **Ehe**
Mars: Gott des **Krieges**
Merkur: **Götterbote**; Gott des **Handels** und der **Diebe**
Minerva: Göttin der **Künste**
Neptun: Gott des **Meeres**
Pluto: Gott der **Unterwelt**
Saturn: Gott des **Ackerbaus**
Venus: Göttin der **Liebe** und des **Frühlings**
Vesta: Göttin von **Haus** und **Herd**
Vulkan: Gott des **Feuers**

Im römischen Alltag spielten Religion und Mythologie eine wesentlich größere Rolle als heute bei uns, natürlich auch, weil sich die Wissenschaft damals noch auf elementarem Niveau befand und (fast) alles mündlich tradiert, d. h. weitergegeben/überliefert wurde.

Grammatik-Grundlagen

Infinitive

Man unterscheidet im Lateinischen **finite Verbformen** (die bestimmt werden, z. B. 1. Per. Sg. Präsens Ind. Akt.) und **infinite Verbformen** (*infinitus* – unbestimmt) bzw. **Infinitive**. Lateinische Infinitive können in den Zeiten **Präsens**, **Perfekt** und **Futur** auftreten (jeweils **aktivisch** und **passivisch**). Der **vorzeitige** Infinitiv (Perfekt) von *lachen* lautet so etwa *gelacht haben*, im Futur *lachen werden*.
Der Lateiner benötigt die verschiedenen Infinitve vor allem, um die verschiedenen **Zeitverhältnisse** (Vor-, Gleich- und Nachzeitigkeit) beim **AcI** ausdrücken zu können.

Die römische Gründungssage

Der Sage nach wurde die Stadt Rom (urbs Roma) von den Brüdern **Romulus** und **Remus** im Jahre **753 v. Chr.** gegründet. **Rea Silvia** soll dem Gott **Mars** die **Zwillinge** geboren haben, noch bevor sie von Amulius zur Vestalin geweiht wurde und deshalb nicht heiraten durfte.

Aus der Not heraus setzte sie die beiden Säuglinge auf dem **Tiber** aus. Nach Strandung am **Palatin** (einem der sieben Hügel Roms) fand sie eine **Wölfin** und säugte sie. Später wurden Romulus und Remus von dem **Hirten Faustulus** und seiner Frau er- und großgezogen. Am Ort ihrer Rettung wollten sie eine Stadt gründen. Schnell brach ein **Streit** über den Namen dieser aus, da jeder der beiden für sich das Namensrecht beanspruchte.

Nachdem zwölf Vögel über Romulus, über Remus hingegen nur sechs kreisten, entschied sich der Streit. Romulus begann der Sage nach direkt mit dem Bau der **Stadtmauer**, über welche sich jedoch Remus aufgrund der geringen Höhe lustig machte. Aus Zorn **erschlug** Romulus seinen Bruder. Aus der sagenhaften 1-Mann-Stadt mit überspringbarer Stadtmauer entwickelte sich das größte Imperium der Weltgeschichte.

Übungen

1. Aufgabe: AcI
Wandle in einen AcI-Satz um!
1. Lucius audit: Claudia clamat.
2. Publius dicit: „Sextus amicos ad cenam invitat."
3. Senator putat: Populus Romanus spem maximam senatoribus habet.
4. Constat: Antiquis temporibus Romani multa bella gesserunt.   *gemisse*

2. Aufgabe: Deklinationsübung
Dekliniere die beiden folgenden Adjektive.
a) magnus, -a, -um
b) gravis, -is, -e

Aktiv	Präsens	Perfekt	Futur
amare	amare	amavisse	amaturum, -am, -um esse
ridere	ridere	risisse	risurum, -am, -um esse
audire	audire	audivisse	auditurum, -am, -um esse
capere	capere	cepisse	capturum, -am, -um esse
agere	agere	egisse	acturum, -am, -um esse

Passiv	Präsens	Perfekt	Futur
amare	amari	amatum, -am, -um esse	amatum iri
ridere	rideri	risum, -am, -um esse	risum iri
audire	audiri	auditum, -am, -um esse	auditum iri
capere	capi	captum, -am, -um esse	captum iri
agere	agi	actum, -am, -um esse	actum iri

Wiederholung 5-8

Nach weiteren vier, sicherlich erfolgreichen Lektionen ist es wieder Zeit für eine kurze Wiederholung des Gelernten. Ich wünsche dir viel Spaß bei den abwechslungsreichen Aufgaben!

Lernwörter

a, ab *(Präp. m. Abl.)*	von (… her)	
coniuratio, -onis f.	Verschwörung	F: conjuration
exemplum, -i n.	Beispiel	Exempel
expugnare, -o, -avi, -atum	erobern	
finitimi, -orum m.	Nachbarn	
habitare, -o, -avi, -atum	wohnen	E: habitat
idoneus, -a, -um	geeignet	
libenter	gern	
notus, -a, -um	bekannt	
prudens, -entis	klug, schlau	F: prudent
quam	als	
servare, -o, -avi, -atum	retten, bewahren	servieren
utilis, -e	nützlich, brauchbar	F: utile
vicus, -i m.	Dorf, Gehöft	

Übungssätze: AcI

1. Constat Ciceronem consulem rem publicam servavisse.

2. Constat Catilinam coniurationem fecisse.

3. Helvetios, gentem Gallicam, oppida finitimorum expugnavisse notum est.

Übungssätze: Steigerung

1. Ab homine prudentiore libenter/libentius discimus.

2. Exempla bona utiliora sunt quam verba.

3. Multi cives in vicis, plures in oppidis, plurimi autem in urbibus habitant.

4. Ii rei publicae nostrae praesunt, qui maxime idonei sunt.

is, ille, hic – auf einen Blick

Wer hätte nicht schon über diese Pronomina geseufzt? Dabei sind sie doch gar nicht so schwierig!

Nimm das in Klammern beigefügte Pronomen und setze es in die richtige Form, so dass es mit dem angegebenen Substantiv übereinstimmt. Von oben nach unten kannst du dann in den dick umrandeten Feldern den Namen eines nicht ganz unbekannten Römers ablesen – sofern du alles richtig gemacht hast...

1. senatori (hic)

2. temporis (ille)

3. militum (is)

4. gentibus (ille)

5. vocis (is)

6. diem (hic)

7. amicas (hic)

8. corpora (hic)

9. arborum (ille)

10. puellam (is)

11. diebus (hic)

12. animalia (is)

13. noctium (hic)

1	h	u	i	c		
2	i	l	l	i	u	s
3	e	o	r	u	m	
4	i	l	l	i	s	
5			e	l	u	s
6			h	u	n	c
7	h	a	s			
8	h	a	e	c		
9	i	l	l	a	r	u	m
10			e	a	m	
11	h	i	s			
12		e	a			
13	h	a	r	u	m	

C. iulius caesar

69

Wiederholung 5-8

Überall Präpositionen

Verbinde die in den meisten Fällen bereits aus dem Alltag bekannten Wendungen mit der passenden deutschen Übersetzungen. Viel Spaß!

ab initio	zu den Akten
ab urbe condita (a. u. c.)	Hannibal vor den Toren
ad absurdum	in der Hoffnung (auf)
ad acta	zur Sache
ad hoc	auf frischer Tat
ad libitum	über die Toten nichts als Gutes
ad multos annos	nach Belieben
ad oculos	von Anfang an
ad rem	der Gott aus der Maschine
conditio sine qua non	aus dem Osten (kommt) das Licht
cum grano salis	in Erinnerung (an)
de facto	mitten in die Dinge (hinein)
de mortuis nil nisi bene	für sich
deus ex machina	nach der Schrift; Nachschrift
ex oriente lux	der Wolf in der Geschichte/Fabel
Hannibal ad portas (nicht *ante*!)	im Zweifel für den Angeklagten
in dubio pro reo	von der Gründung der Stadt (Rom) an
in flagranti	bis ins Sinnlose
lupus in fabula	im Namen des Vaters und des Sohnes*
in medias res	im aktuellen/gegenwärtigen Zustand
in memoriam	zu diesem (Zweck)
in nomine patris et filii et spiritus sancti	auf viele Jahre
in puncto	im Punkte; in Betreff
in spe	vor Augen (z. B. führen)
in statu quo	Bedingung, ohne die etwas nicht geht
in vino veritas	im Wein liegt (die) Wahrheit
pars pro toto	über »rauhe Wege« zu den Sternen
per se	mit einem Körnchen Salz
per aspera ad astra	in der Tat; tatsächlich
post scriptum	(der) Teil für das Ganze

* und des Heiligen Geistes

Nimm ggf. das Wörterbuch zu Hilfe.

9. Lektion

Nach Bestehen der zweiten Wiederholung wünsche ich dir nun viel Erfolg bei der 9. Lektion. Es geht um ein im Deutschen unbekanntes Phänomen :)

Grammatik-Grundlagen

nd-Formen

Die sog. nd-Formen erkennst du, es wird dich überraschen, am eingeschobenen „nd" (z. B. lauda-nd-o, audie-nd-i). Man unterscheidet zwei „Arten":

1. Gerundium
Das **Gerundium** (teilweise auch kurz **Gerund** genannt) ist nichts anderes als ein **deklinierter**, also **substantivierter**, **Infinitiv** (Präs. Akt.). Er wird wie ein **Neutrum** der **o-Dekl.** (z. B. templum) im **Singular** behandelt.

Nom. amare = das Lieben/zu lieben
Gen. ama-nd-i = des Liebens
Dat. ama-nd-o = dem Lieben
Akk. amare/ad ama-nd-um = das Lieben/zu(m) Lieben
Abl. (in) ama-nd-o = durch das Lieben/beim Lieben

Das Gerundium tritt meist im Genitiv oder Ablativ auf, im Akkusativ mit Präposition und nur selten im Dativ.

2. Gerundivum
Das **Gerundivum** (teilweise auch kurz Gerundiv genannt) ist ein sog. **Verbaladjektiv** (weil es wie ein **Adjektiv der a-/o-Deklination** dekliniert wird), welches ausdrückt, *dass etwas getan werden muss* bzw. *nicht getan werden darf*. Es ist also passivisch (werden) und drückt eine Notwendigkeit aus.

Singular	m.	f.	n.
Nominativ	ama-nd-us	ama-nd-a	ama-nd-um
Genitiv	ama-nd-i	ama-nd-ae	ama-nd-i
Dativ	ama-nd-o	ama-nd-ae	ama-nd-o
Akkusativ	ama-nd-um	ama-nd-am	ama-nd-um
Ablativ	ama-nd-o	ama-nd-a	ama-nd-o

Plural	m.	f.	n.
Nominativ	ama-nd-i	ama-nd-ae	ama-nd-a
Genitiv	ama-nd-orum	ama-nd-arum	ama-nd-orum
Dativ	ama-nd-is	ama-nd-is	ama-nd-is
Akkusativ	ama-nd-os	ama-nd-as	ama-nd-a
Ablativ	ama-nd-is	ama-nd-is	ama-nd-is

9. Lektion

Man unterscheidet drei Gerundiv-Typen:

1. Gerundivum als Prädikatsnomen
Bsp.: Industria laudanda est. – Fleiß **muss gelobt werden**.

2. Attributive Verwendung
Bsp.: Puer libellos legendos videt. – Der Junge sieht die **zu lesenden Bücher/die Bücher, die gelesen werden müssen**.

3. Verneintes Gerundiv
Bsp.: Liber non legendus est. – Das Buch **darf nicht gelesen werden**.

Du erkennst an den hervorgehobenen Endungen der lateinischen Sätze, dass das Gerundivum immer in **KNG-Kongruenz** zum Nomen steht – wie ein Adjektiv.

Die Personalpronomen

Singular	1. Person	2. Person	3. Person (reflexiv)
Nominativ	ego (ich)	tū (du)	-
Genitiv	meī (meiner)	tuī (deiner)	suī (seiner/ihrer)
Dativ	mihī (mir)	tibī (dir)	sibī (sich)
Akkusativ	mē (mich)	tē (dich)	sē (sich)
Ablativ	(a) mē ((von) mir)	(a) tē ((von) dir)	(a) sē (von sich)

Plural	1. Person	2. Person	3. Person (reflexiv)
Nominativ	nōs (wir)	vōs (ihr)	-
Genitiv	nostrī (unser) nostrum (von uns)	vestrī (euer) vestrum (von euch)	suī (ihrer)
Dativ	nōbīs (uns)	vōbīs (euch)	sibī (sich)
Akkusativ	nōs (uns)	vōs (euch)	sē (sich)
Ablativ	(a) nōbīs ((von) uns)	(a) vōbīs ((von) euch)	(a) sē (von sich)

Die Possessivpronomen

	Singular	Plural
1. Person	meus, -a, -um (mein)	noster, -tra, -trum (unser)
2. Person	tuus, -a, -um (dein)	vester, -tra, -trum (euer)
3. Person	suus, -a, -um (sein/ihr)	suus, -a, -um (sein/ihr)

Diese Pronomen sind im Übrigen wie normale Vokabeln zu lernen :-)

Lernwörter

adesse, -sum, -fui, -	da sein; helfen *(m. Dat.)*	
appetere, -o, -ivi, -itum	anstreben	(Appetit)
causa *(+ Gen.)*	wegen	
censere, -eo, -ui, censum	meinen; schätzen	zensieren
conficere, -io, -feci, fectum	beenden; anfertigen	
confirmare, -o, -avi, -atum	bekräftigen, bestätigen	konfirmieren
convenire, -io, -i, -ventum	zusammenkommen	Konvent
cupere, -io, -ivi, -itum	wünschen, wollen, begehren	
custodire, -io, -ivi, -itum	bewachen	
difficilis, -e	schwierig	diffizil
dormire, -io, -ivi, -itum	schlafen	F: dormir
errare, -o, -avi, -atum	irren	„irren"
humanus, -a, -um	menschlich	human
legio, -onis f.	Legion	Legion
litterae, -arum f. *(Pl.)*	Brief(e); Buchstaben	Literatur
mori *(Formen folgen später)*	sterben	F: mourir
occasio, -onis f.	Möglichkeit, Gelegenheit	F: occasion
regnare, -o, -avi, -atum	herrschen	F: régner
sapiens, -entis	klug, weise	Homo sapiens
sapienter (Adv.)	klug, weise	
satis	genug	„satt"
vigilare, -o, -avi, -atum	(be-)wachen	F: vigilant

Übungssätze: nd-Formen

1. Cives censendi causa convenerunt.   *censendi causa - zur Schätzung*
2. Errare humanum est. Cupere et errare humana sunt.
3. Ars civitatem sapienter regendi difficilis est.
4. Ii, qui ad vigilandum/custodiendum non idonei sunt, dormiunt.
5. Discipuli queruntur se ad discendum paratos non esse.   *queri - (sich be-)klagen*
6. Puer docendi causa sorori suae in litteras Graecas scribendo adest.
7. Industria servarum servorumque laudanda est.
8. Vobis libellos legendos do.   *do von dare*
9. Ad eas res conficiendas dux biennium satis esse duxit.   *biennium - Zeitraum von zwei Jahren*
10. Pax nobis (ap-)petenda est.   *ducere - hier: meinen*
11. Ibi nobis occasio erat colloquendi.
12. Docendo discimus.
13. Parata/us sum ad audiendum/videndum/discendum.
14. Legiones Romanae se ad bellum gerendum paratas esse confirmaverunt.
15. Nobis omnibus moriendum est.

Quickinfo: Wie die Römer zählten

Wie dir sicher noch aus dem Mathematikunterricht der Grundschule in Erinnerung ist, verwandten die alten Römer andere Ziffern. Während wir heute die arabischen Zahlzeichen benutzen, rechnete man in der Antike mit den römischen Zahlzeichen.

Es gelten dabei folgende Grundwerte:

$$
\begin{aligned}
I &= 1 \\
V &= 5 \\
X &= 10 \\
L &= 50 \\
C &= 100 \text{ (centum)} \\
D &= 500 \\
M &= 1.000 \text{ (mille)}
\end{aligned}
$$

Nun konstruierten die Römer nicht nur den Ablativus absolutus, sondern selbst ihre Zahlen:

> ➢ die größere Zahl steht vor der kleineren (z. B. CI = 101)
> ➢ steht eine kleinere Zahl vor einer größeren, so wird sie von dieser abgezogen (z. B. IX = 9, da 1<10)
> ➢ in der Regel steht höchstens dreimal dieselbe Zahl hintereinander (also IV und nicht IIII, wie häufig auf Uhren zu lesen)

Übung:
Forme um!
a) CCLXIII 263
b) XIV 14
c) XXIII 23
d) XXXII 32
e) CCCLXVIII 368
f) LVIII 58
g) DCCCLXXVII 1877

Rekonstruktion eines antiken Abacus, eines Rechenbretts

Alleine der letzten Zahl wegen haben die römischen Zahlzeichen den arabischen weichen müssen – Mathematiker wären dem Wahnsinn nahe ;-)

Grundzahlen (*cardinalia*) im Vergleich

eins	zwei	drei	vier	fünf	sechs	sieben	acht	neun	zehn	*dt.*
unus	duo	tres	quattuor	quinque	sex	septem	octo	novem	decem	*lat.*
uno	due	tre	quattro	cinque	sei	sette	otto	nove	dieci	*it.*
uno	dos	tres	cuatro	cinco	seis	siete	ocho	nueve	diez	*sp.*
un	deux	trois	quatre	cinq	six	sept	huit	neuf	dix	*frz.*
one	two	three	four	five	six	seven	eight	nine	ten	*eng.*

Besonders starke Verwandschaft fällt zwischen dem Lateinischen und dem Italienischen bzw. Spanischen auf. Das Französische verhält sich schon wesentlich distanzierter.

Ordnungszahlen (*ordinalia*) im Vergleich

erste	zweite	dritte	vierte	fünfte	sechste	siebente	achte	neunte	zehnte
primus	secundus	tertius	quartus	quintus	sextus	septimus	octavus	nonus	decimus
primo	secondo	terzo	quarto	quinto	sesto	sèttimo	ottavo	nono	dècimo
primero	segundo	tercero	cuarto	quinto	sexto	séptimo	octavo	nono	décimo
first	second	third	fourth	fifth	sixth	seventh	eighth	ninth	tenth

Ich habe bei mehreren Möglichkeiten oder Schreibweisen in der Regel die kürzere gewählt. Es wurden jeweils die männlichen Formen verwandt. Bei den Ordnungszahlen musste aufgrund von Platzgründen auf die französischen Zahlwörter verzichtet werden — man sehe es mir nach ;-)

Zur Deklination
Die Zahlwörter **unus** (eins), **duo** (zwei) und **tres** (drei) werden unregelmäßig dekliniert. **unus** tritt dabei naturgemäß nur im Singular auf, **duo** im sog. **Dual** (Plural wäre als Mehrzahl nicht ganz passend) und **tres** als Plural.
unus: unus, -a, -um; unius; uni; unum, -am, -um; uno, -a, -o.
duo: duo, -ae, -o; duorum, -arum, -orum; duobus, -abus, -obus; duo(s), -as, -o.
tres: tres, -ia; trium; tribus; tres, -ia. *(Dativ = Ablativ)*

Übung

1. Aufgabe: Gerundivum
Dekliniere und denke dabei an KNG-Kongruenz!
a) vir laudandus
b) femina amanda
c) templum custodiendum

10. Lektion

Großartig! :-) Du hast jetzt fast schon das halbe Buch durchgearbeitet. Schon in wenigen Tagen wirst du auch die restlichen Grammatikblöcke verstanden, die übrigen Vokabeln gelernt und mit ihrer Hilfe die weiteren Texte und Sätze gelesen haben. Und wo wir schon beim Planen von künftigen Lernerfolgen sind: Jetzt geht's mit dem Futur los...

Grammatik-Grundlagen

Futur I
Das **Futur I** gibt **Handlungen** oder **Zustände** in der **Zukunft** an.

Futur I Indikativ Aktiv

a-Konj.	e-Konj.	i-Konj.	gem. Konj.	kons. Konj.
amā-b-**ō**	monē-b-**ō**	audi-a-**m**	capi-a-**m**	reg-a-**m**
amā-bi-**s**	monē-bi-**s**	audi-ē-**s**	capi-ē-**s**	reg-ē-**s**
amā-bi-**t**	monē-bi-**t**	audi-e-**t**	capi-e-**t**	reg-e-**t**
amā-bi-**mus**	monē-bi-**mus**	audi-ē-**mus**	capi-ē-**mus**	reg-ē-**mus**
amā-bi-**tis**	monē-bi-**tis**	audi-ē-**tis**	capi-ē-**tis**	reg-ē-**tis**
amā-bu-**nt**	monē-bu-**nt**	audi-e-**nt**	capi-e-**nt**	reg-e-**nt**

Im Deutschen:
ich werde, du wirst, er/sie/es wird, wir werden, ihr werdet, sie werden lieben.
ich werde, du wirst, er/sie/es wird, wir werden, ihr werdet, sie werden hören.

Futur II
Das **Futur II** wird, ähnlich wie das Plusquamperfekt, benutzt, um eine **Vorzeitigkeit** gegenüber einer **Handlung** in der **Zukunft** auszudrücken.

Futur II Indikativ Aktiv

a-Konj.	e-Konj.	i-Konj.	gem. Konj.	kons. Konj.
amāv-er-**ō**	monu-er-**ō**	audīv-er-**ō**	cēp-er-**ō**	rēx-er-**ō**
amāv-eri-**s**	monu-eri-**s**	audīv-eri-**s**	cēp-eri-**s**	rēx-eri-**s**
amāv-eri-**t**	monu-eri-**t**	audīv-eri-**t**	cēp-eri-**t**	rēx-eri-**t**
amāv-eri-**mus**	monu-eri-**mus**	audīv-eri-**mus**	cēp-eri-**mus**	rēx-eri-**mus**
amāv-eri-**tis**	monu-eri-**tis**	audīv-eri-**tis**	cēp-eri-**tis**	rēx-eri-**tis**
amāv-eri-**nt**	monu-eri-**nt**	audīv-eri-**nt**	cēp-eri-**nt**	rēx-eri-**nt**

Im Deutschen:
ich werde, du wirst, er/sie/es wird, wir werden, ihr werdet, sie werden geliebt/gehört haben.

Die Formen von *esse* (sein) im Futur I

er-ō	er-i-s	er-i-t	er-i-mus	er-i-tis	er-u-nt
ich werde sein	du wirst sein	er/sie/es wird sein	wir werden sein	ihr werdet sein	sie werden sein

Die Formen von *esse* (sein) im Futur II

fu-er-ō	fu-er-i-s	fu-er-i-t	fu-er-i-mus	fu-er-i-tis	fu-er-i-nt
ich werde gewesen sein	du wirst gewesen sein	er/sie/es wird gewesen sein	wir werden gewesen sein	ihr werdet gewesen sein	sie werden gewesen sein

Lernwörter

accipere, -io, -cepi, -ceptum — annehmen, erhalten — akzeptieren
ager, agri m. — Acker, Land — „Acker"
aliquis, aliquid — irgendwer, -was
ambulare, -o, -avi, -atum — spazieren (gehen) — Ambulanz
consulatus, -us m. — Konsulat — „Konsulat"
dum — während
felix *(Adj.)* — glücklich — Felix (Name)
futurus, -a, -um — (zu-)künftig — Futur
gratia, -ae f. — Ansehen, Gunst, Dank — Grazie
   gratias agere — danken, Dank sagen
imperator, -oris m. — Feldherr — „Imperator"
indicare, -o, -avi, -atum — anzeigen — Indikator
instituere, -uo, -ui, -utum — errichten, aufstellen — Institut(ion)
intrare, -o, -avi, -atum — ein-, betreten — E: entrance
iterum — wiederum
libertas, -atis f. — Freiheit — E: liberty
murus, -i m. — Mauer
neque ... neque ... — weder ... noch ...
pretium, -ii n. — Preis
relinquere, relinquo, reliqui, relictum — zurücklassen, verlassen — Relikt
rex, regis m. — König — Tyrannosaurus Rex
salutare, -o, -avi, -atum — begrüßen — salutieren
scire, -io, -ivi, -itum — wissen — E: science
senex, senis m. — alter Mann, Greis — senil
sententia, -ae f. — Satz, Spruch, Meinung — Sentenz
tacere, -eo, -ui, -itum — schweigen — F: taciturne
veritas, -atis f. — Wahrheit — F: vérité

10. Lektion

Text 16: De re publica

Apud Tacitum historicum scriptoremque legimus urbem Romam a principio reges, non consules aut caesares, habuisse. Tum L. Brutus libertatem atque consulatum Romae instituit.

Hilfen: historicus = Historiker; scriptor = Schriftsteller; caesar = Kaiser

Text 17: Beim Weissager

Dum per vias ambulant, Marcus et Sextus amici senem vident, qui res futuras praedicit. Pueri ad eum eunt et salutant: „Salve, senex! Potesne nobis aliquid praedicere?" „Quid scire vultis, pueri?" senex respondet.

Marcus eum rogat: „Nonne consul et imperator totius orbis terrarum ero?" Senex respondet: „Eris consul et imperator totius orbis terrarum." Marcus obstupescit: „O me felicem!" Sextus autem ridet. „Et tu, puer? Quid tu scire cupis?" senex Sextum interrogat. „Num ego quoque consul ac imperator totius orbis terrarum ero?" „Tu non imperator et consul eris, ut oraculum mihi indicat." „Bene", Sextus dicit et ridet. Tum pueri gratias agunt et casam senis relinquunt.

Nunc liberi in muro hanc sententiam legunt: „Accipie(ti)s veritatem non gratis, sed parvo pretio". Itaque pueri iterum casam intrant et seni nummum dant. „Dic nobis futurum nostrum, quaeso." Marcus: „Erone consul vel imperator?" Senex paulo tacet, tum respondet: „Neque consul neque imperator eris. Cum asinis per agros ambulabis, si non bene disces. Id oraculum mihi indicat." Sextus magna voce „Macte!" clamat et ridet.

Hilfen: *senem* von *senex*; O me felicem! = O, ich Glücklicher!

Nach den beiden lateinischen Texten hast du auch diese Lektion nahezu durchgearbeitet. Nun warten nur noch zwei kurze Infotexte über Staatsformen des antiken Rom sowie über Augustus auf dich. Die zwei Aufgaben am Lektionsende dürften kein größeres Problem für dich darstellen.

Viel Spaß auf den letzten Seiten dieses Kapitels!

Quickinfo: Republik und Caesarentum

Text: Dr. Joachim Losehand

Schon in der ersten Hälfte des 1. Jahrhunderts v. Chr. begann der Niedergang der überkommenen staatlichen Ordnung (*res publica*).

Während sich zuvor auch einzelne starke Persönlichkeiten in die Reihen der Ersten im Staate (der principes) ein- und unterordneten, durchbrachen Männer wie Marius und Sulla, später auch Pompeius und Crassus diese Reihen. So ließ sich Marius gegen die Regel mehrmals zum Konsul wählen, Sulla als dessen Gegenspieler beschnitt die bis dahin vom Volk, den Plebejern, erstrittenen Rechte zugunsten der Aristokraten (optimates), stellte Pompeius sich gänzlich außerhalb der Ämterlaufbahn (cursus honorum) und wurde, nachdem er mehrmals mit außerordentlicher Befehlsgewalt als Feldherr diente und ohne dass er die vorgeschriebenen niederen Ämter innegehabt hatte, zum wiederholten Male Konsul. Auch der zu seiner Zeit reichste Mann Roms, Marcus Crassus, versuchte mit wechselndem Erfolg, aktiv in die Politik einzugreifen, und führte schließlich einen Privatkrieg gegen die Parther, den er allerdings mit Pauken und Trompeten verlor.

| Einer der XXVI VIRI | QVAESTOR (28/31) | AEDILIS (37) | PRAETOR (40) | CONSVL (43) | INTERREX DICTATOR CENSOR |

Der cursus honorum (= röm. Ämterlaufbahn) zur Zeit Sullas (die Zahl in Klammern steht für das Mindesteintrittsalter in das entsprechende Amt)

Caius Iulius Caesar durchlief die vorgeschriebene Laufbahn, verband sich aber mit Pompeius und Crassus während seines Konsulats zu einem inoffiziellen Dreimännerbund (Triumvirat), beherrschte dadurch die Tagespolitik und ließ sich nach Ablauf der Amtszeit für seine weiteren Pläne strategisch günstig gelegene Provinzen in Südfrankreich und Norditalien zur Verwaltung zuteilen. Als deren Verwalter (proconsul) führte Caesar seinen berühmten Gallischen Krieg. Da Caesar sofort darauf wieder Konsul werden wollte, was ihm verweigert wurde, marschierte er mit seinen Legionen gegen Rom (über den Rubikon); ein mehrjähriger Bürgerkrieg, in dessen Verlauf unter anderem Pompeius starb und der das ganze Reich in Mitleidenschaft zog, war die Folge. Caesar wurde, weil er – wie es hieß – das Vaterland gerettet habe, zum Diktator auf Lebenszeit ernannt. Die Opposition gegen seine Alleinherrschaft konnte er nicht völlig unterdrücken und so wurde er schließlich an den Iden des März 44 v. Chr. ermordet. Sein testamentarisch adoptierter Großneffe Octavius verfolgte zusammen mit Marcus Antonius die Caesarmörder und zog, nachdem auch zwischen ihm und Marc Anton der Kampf um die Alleinherrschaft ausgebrochen war, erneut das Reich in einen Bürgerkrieg, in dem Römer gegen Römer kämpften. Erst 31 v. Chr., nach insgesamt fast 18 Jahren innerer Kämpfe, war Octavius am Ziel und als letzter Machthaber unangefochten. Ihm wurde der Ehrenname „Augustus" (= der Erhabene) vom Senat verliehen und er begründete mit seiner außerhalb der Verfassung stehenden Stellung den sog. Prinzipat, in dem ihm seine Verwandten Tiberius, Caligula, Claudius und schließlich Nero, der letzten Vertreter des iulisch-claudischen Prinzpiats, folgten.

Kurzbiographie: Augustus

Gaius Octavius, später: Gaius Iulius Caesar Octavianus

Augustus (mitunter auch **Octavian** genannt) wurde am 23.9.63 v. Chr. geboren. Er war der **Großneffe Caesars** (was sich am späteren Namen abzeichnet) und wurde von diesem nach der Adoption zum Erben eingesetzt.
Aus den Wirren des **Bürgerkriegs** ging er schließlich als Sieger gegen **Marcus Antonius** hervor und wurde nach der Beseitigung seiner politischen Gegner **Alleinherrscher**. 27 v. Chr. erhielt er vom Senat den Ehrentitel „Augustus" („der Erhabene") und weitere Vollmachten – das Zeitalter des römischen **Kaisertums** begann. Unter Augustus erlebte das römische Reich eine **kulturelle Blüte**, die Ausbreitung des **Handels** und eine lange **Zeit des Friedens** (pax Augusta).

Augustus

Übungen

1. Aufgabe: Konjugiere diese Infinitve in beiden Futura durch.
a) audire   audiam – audivero
b) clamare   clamabo – clamavero
c) ridere   videbo – ridevero
d) facere   faciam – facero
e) agere   agam – eggero

2. Aufgabe: Setze die fehlenden Zeitformen in der gleichen Person ein!

Präsens	Imperfekt	Perfekt	Plusquamperfekt
sum	eram	fui	fueram
audiunt	audiebant	audiverunt	audiverant
facis	faciebas	fecisti	feceras
agitis	agebatis	egistis	egeratis
taceo	tacebam	tacui	tacueram
amas	amabas	amavisti	amaveras
facio	faciebam	feci	feceram

11. Lektion

Heute wirst du leiden — mit dem Passiv, der Leideform ;-) Viel Erfolg!

Grammatik-Grundlagen

Das Passiv

Neben dem **Aktiv** (der **Tatform**; von agere, actum) gibt es noch das **Passiv** (die **Leideform**; von pati, passus sum). Das Passiv ist im Lateinischen häufiger anzutreffen als im Deutschen.

Zeitenvergleich

	Aktiv	Passiv
Präsens	ich lobe	ich werde gelobt
Imperfekt	ich lobte	ich wurde gelobt
Perfekt	ich habe gelobt	ich bin gelobt worden
Plusquamperfekt	ich hatte gelobt	ich war gelobt worden
Futur I	ich werde loben	ich werde gelobt werden
Futur II	ich werde gelobt haben	ich werde gelobt worden sein

Fehlerquelle Nummer 1:
Sehr gerne werden **Passiv-** mit **Futur-Formen verwechselt**. Gib daher gut Acht. Während im **Aktiv** *jemand etwas tut*, wird im **Passiv** *mit jemandem etwas getan*. Daher kann „ich werde sehen" keine Passivform sein, da jemand etwas aktiv tut. Umgekehrt ist „ich werde gelobt" keine Futurform. Das Deutsche bildet das Futur mit dem Infinitiv (z. B. sehen), das Passiv mit dem Partizip (gelobt). Klingt kompliziert, ist es aber nicht ;-)

Weitere Hinweise:
1. Im Lateinischen wird das Passiv häufig mit einer Passivform + a/ab gebildet, also im Prinzip gleich dem Deutschen.
Bsp.: Discipuli **a** magistro *laudantur*. – Die Schüler werden vom Lehrer gelobt.

2. Passivformen der 3. Person sind häufig verallgemeinernd und werden im Deutschen mit „man" übersetzt.
Bsp.: dicitur – man sagt (wörtl.: es wird gesagt)

3. Teilweise lässt sich aktivisch übersetzen.
Bsp.: delectamur – wir sind erfreut (wörtl.: wir werden erfreut)

11. Lektion

Lass dich bitte nicht irritieren. Bei den Hinweis-Beispielen handelt es sich um (häufige) Ausnahmen. Grundlegend solltest du nach obigem Zeitenschema übersetzen und nur bei besseren Möglichkeiten im Deutschen die freiere Übersetzung vorziehen.

Präsens Indikativ Passiv

a-Konj.	e-Konj.	i-Konj.	gem. Konj.	kons. Konj.
am-**or**	mone-**or**	audi-**or**	cap-i-**or**	reg-**or**
amā-**ris**	monē-**ris**	audī-**ris**	cap-e-**ris**	reg-e-**ris**
amā-**tur**	monē-**tur**	audī-**tur**	cap-i-**tur**	reg-i-**tur**
amā-**mur**	monē-**mur**	audī-**mur**	cap-i-**mur**	reg-i-**mur**
amā-**minī**	monē-**minī**	audī-**minī**	cap-i-**minī**	reg-i-**minī**
amā-**ntur**	mone-**ntur**	audi-u-**ntur**	cap-i-u-**ntur**	reg-u-**ntur**

Bildungsregel:
Präsensstamm + Personalendung Präsens Passiv

Imperfekt Indikativ Passiv

a-Konj.	e-Konj.	i-Konj.	gem. Konj.	kons. Konj.
amā-ba-**r**	monē-ba-**r**	audi-ēba-**r**	capi-ēba-**r**	reg-ēba-**r**
amā-bā-**ris**	monē-bā-**ris**	audi-ēbā-**ris**	capi-ēbā-**ris**	reg-ēbā-**ris**
amā-bā-**tur**	monē-bā-**tur**	audi-ēbā-**tur**	capi-ēbā-**tur**	reg-ēbā-**tur**
amā-bā-**mur**	monē-bā-**mur**	audi-ēbā-**mur**	capi-ēbā-**mur**	reg-ēbā-**mur**
amā-bā-**minī**	monē-bā-**minī**	audi-ēbā-**minī**	capi-ēbā-**minī**	reg-ēbā-**minī**
amā-ba-**ntur**	monē-ba-**ntur**	audi-ēba-**ntur**	capi-ēba-**ntur**	reg-ēba-**ntur**

Bildungsregel:
Präsensstamm + Einschub: *(e)ba* + Personalendung Präsens Passiv

Futur I Indikativ Passiv

a-Konj.	e-Konj.	i-Konj.	gem. Konj.	kons. Konj.
amā-b-**or**	monē-b-**or**	audi-a-**r**	capi-a-**r**	reg-a-**r**
amā-b-e-**ris**	monē-b-e-**ris**	audi-ē-**ris**	capi-ē-**ris**	reg-ē-**ris**
amā-bi-**tur**	monē-bi-**tur**	audi-ē-**tur**	capi-ē-**tur**	reg-ē-**tur**
amā-bi-**mur**	monē-bi-**mur**	audi-ē-**mur**	capi-ē-**mur**	reg-ē-**mur**
amā-bi-**minī**	monē-bi-**minī**	audi-ē-**minī**	capi-ē-**minī**	reg-ē-**minī**
amā-bu-**ntur**	monē-bu-**ntur**	audi-e-**ntur**	capi-e-**ntur**	reg-e-**ntur**

Bildungsregel:
a- und e-Konj.: Präsensstamm + Einschub *b(i/u)* + Personalendung Präsens Passiv
restl. Konj.: Präsensstamm + Einschub (1. Per. Sg.) **a**, (sonst) **e** + Endung Präs. Pass.

Perfekt Indikativ Passiv

a-Konj.	e-Konj.	i-Konj.	gem. Konj.	kons. Konj.	
amāt-us/a/um	monit-us/a/um	audīt-us/a/um	capt-us/a/um	rēct-us/a/um	sum
amāt-us/a/um	monit-us/a/um	audīt-us/a/um	capt-us/a/um	rēct-us/a/um	es
amāt-us/a/um	monit-us/a/um	audīt-us/a/um	capt-us/a/um	rēct-us/a/um	est
amāt-ī/ae, a	monit-ī/ae, a	audīt-ī/ae, a	capt-ī/ae, a	rēct-ī/ae, a	sumus
amāt-ī/ae, a	monit-ī/ae, a	audīt-ī/ae, a	capt-ī/ae, a	rēct-ī/ae, a	estis
amāt-ī/ae, a	monit-ī/ae, a	audīt-ī/ae, a	capt-ī/ae, a	rēct-ī/ae, a	sunt

Bildungsregel:
PPP + Formen im Präs. Ind. von *esse*

Plusquamperfekt Indikativ Passiv

a-Konj.	e-Konj.	i-Konj.	gem. Konj.	kons. Konj.	
amāt-us/a/um	monit-us/a/um	audīt-us/a/um	capt-us/a/um	rēct-us/a/um	eram
amāt-us/a/um	monit-us/a/um	audīt-us/a/um	capt-us/a/um	rēct-us/a/um	erās
amāt-us/a/um	monit-us/a/um	audīt-us/a/um	capt-us/a/um	rēct-us/a/um	erat
amāt-ī/ae, a	monit-ī/ae, a	audīt-ī/ae, a	capt-ī/ae, a	rēct-ī/ae, a	erāmus
amāt-ī/ae, a	monit-ī/ae, a	audīt-ī/ae, a	capt-ī/ae, a	rēct-ī/ae, a	erātis
amāt-ī/ae, a	monit-ī/ae, a	audīt-ī/ae, a	capt-ī/ae, a	rēct-ī/ae, a	erant

Bildungsregel:
PPP + Formen im Imperf. Ind. von *esse*

Futur II Indikativ Passiv

a-Konj.	e-Konj.	i-Konj.	gem. Konj.	kons. Konj.	
amāt-us/a/um	monit-us/a/um	audīt-us/a/um	capt-us/a/um	rēct-us/a/um	erō
amāt-us/a/um	monit-us/a/um	audīt-us/a/um	capt-us/a/um	rēct-us/a/um	eris
amāt-us/a/um	monit-us/a/um	audīt-us/a/um	capt-us/a/um	rēct-us/a/um	erit
amāt-ī/ae, a	monit-ī/ae, a	audīt-ī/ae, a	capt-ī/ae, a	rēct-ī/ae, a	erimus
amāt-ī/ae, a	monit-ī/ae, a	audīt-ī/ae, a	capt-ī/ae, a	rēct-ī/ae, a	eritis
amāt-ī/ae, a	monit-ī/ae, a	audīt-ī/ae, a	capt-ī/ae, a	rēct-ī/ae, a	erunt

Bildungsregel:
PPP + Formen im Futur I Ind. von *esse*

Zur Übersetzung der Formen

Präsens Indikativ Passiv: ich werde *gelobt*
Imperfekt Indikativ Passiv: ich wurde *gelobt*
Futur I Indikativ Passiv: ich werde *gelobt* werden
Perfekt Indikativ Passiv: ich bin *gelobt* worden
Plusquamperf. Ind. Passiv: ich war *gelobt* worden
Futur II Indikativ Passiv; ich werde *gelobt* worden sein

11. Lektion

Lernwörter

adversarius, -ii m.	Gegner, Feind	**F:** adversaire
castra, -orum n.	Lager	
collocare, -o, -avi, -atum	aufstellen, errichten	
dea, -ae f.	Göttin	**F:** déesse
expellere, -o, -puli, -pulsum	vertreiben, verjagen	**E:** to expel
hic	hier	
honor/honos, honoris m.	Ehre	Honorar
incola, ae **m. (!)**	Einwohner	
intellegere, -o, -lexi, -lectum	verstehen	Intelligenz
mane	morgens, in der Frühe	
ornare, -o, -avi, -atum	schmücken	**E:** ornate
pars, partis f.	Teil, Gegend	**E:** part
statua, -ae f.	Statue	„Statue"
tribuere, -uo, -ui, -utum	zuteilen, zuweisen	Tribut
ullus, -a, -um	irgendeiner	
vesper, -eri m.	Abend	

Übungssätze: Passiv

1. Liberi Romanorum a magistris Graecis docebantur.

2. Gallia in partes tres dividitur.

3. Milites Romani a senatoribus laudati sunt.

4. Barbarus hic sum, quia non intellegor ab ullo.

5. Mane adversarii ex oppido expelluntur.

6. Vesperi castra collocabantur.

7. Statuae dearum deorumque ab incolis coronis   corona - Kranz, Krone

ornatae sunt.

8. Imperatoribus Romanis honores tribuebantur.

Aufgaben zu den Übungssätzen
a. Schreibe die Passiv-Formen der einzelnen Sätze heraus.
b. Bilde alle Vergangenheitstempora unter Beibehaltung der
   Person.

Hinweis
Wenn du noch einmal nach oben schaust, so wirst du das Ausrufezeichen bei
»incola« erkennen. Es weist darauf hin, dass es sich um **männliches Geschlecht**
und nicht, wie bei -a, -ae zu erwarten wäre, um ein Femininum handelt. Im
Lateinischen stehen vor allem die Wörter *incola, agricola, poeta* und *nauta* als
Ausnahmen im Maskulinum. Sie werden dennoch nach der **a-Dekl.** dekliniert.

Kampf zweier Gladiatoren, einem Retiarius und einem Secutor

Quickinfo: Gladiatorenkämpfe

Ave Caesar, morituri te salutant!

Gladiatoren (von *gladius* = Kurzschwert) waren **Sklaven**, die als Kämpfer bei sog. **Gladiatorenkämpfen** auftraten und gegeneinander auf **Leben und Tod** kämpften. Die ersten belegten Gladiatorenspiele fanden 264 v. Chr. in Rom statt. Neben **Theateraufführungen**, **Wagenrennen** und **Tierhetzen** wurden diese Kämpfe jedoch aufgrund ihrer hohen Kosten (z. B. der Gladiatorenausbildung) relativ selten aufgeführt und waren ein **kaiserliches Privileg**.

Es gab verschiedene „Gladiatorengattungen" (bezieht sich auf die Waffen), welche in **Gladiatorenschulen** zur Perfektion ausgefeilt wurden.

Welche Gefahr von kampferprobten und sehr gut ausgebildeten Gladiatoren ausgehen konnte, zeigt der bekannte **Spartacus-Aufstand**, benannt nach seinem Anführer, einem thrakischen Gladiator.

Durch ihre Tapferkeit und ihren Ruhm hatten die Gladiatoren, ähnlich heutigen Popstars, eine große **Fangemeinde** und beflügelten so manche weibliche Fantasie.

11. Lektion

Ein typischer **Kampftag** begann mit reinen Tierkämpfen in den Morgenstunden, gefolgt von kleineren Zirkusnummern und Tierhetzen. In der Mittagszeit wurden in der Arena Verbrecher hingerichtet, teilweise wurden sie auch wilden Tieren vorgeworfen oder gezwungen, mit anderen Verurteilten auf Leben und Tod zu kämpfen, wobei es am Ende keinen „Sieger" gab, da auch der letzte Überlebende keine Begnadigung erhielt.

Natürlich wurden die menschenverachtenden „Show-Einlagen" schon zu damaliger Zeit heftig kritisiert, was jedoch an ihrer allgemeinen Beliebtheit nichts änderte.

Gemälde von Jean-Léon Gérôme (1872);
Details entsprechen <u>nicht</u> dem aktuellen Forschungsstand

Die später folgenden Gladiatorenkämpfe waren strikten Regeln unterworfen (vergleichbar mit dem heutigen Boxen) und sicher keine wilden Schlägereien o. Ä. Wie beim Boxen gab es **Schiedsrichter**, welche die Kämpfe, die sog. Gladiaturen, „beaufsichtigten" und Regelverstöße ahndeten. Wurde die **Gladiatur** weder durch **Tod** noch **Remis** (Unentschieden) beendet, hatte sich der Unterlegene, z. B. wenn er aufgab oder seine Waffe(n) verlor, dem **Urteil des Kaisers** (Tod oder Begnadigung) zu beugen. In der Regel ließen die Kaiser jedoch das **Publikum** entscheiden.

Es ist nicht wissenschaftlich belegt, ob der bekannte nach unten zeigende Daumen das Todesurteil bedeutete oder eine andere Geste üblich war.

Übungen

1. Aufgabe: Setze die fehlenden Formen in der gleichen Person ein! Behalte das Genus verbi (Aktiv oder Passiv) bei.

Präsens	Imperfekt	Perfekt	Plusquamperfekt
laudaut	**laudabant**	laudaverunt	laudaverant
capimur	capiebamur	**capti sumus**	capti eramus
moneor	monebar	monitus sum	monitus eram
agit	agebat	egit	**egerat**
ridemini	ridebamini	risi estis	risi eratis
clamantur	**clamabantur**	clamati sunt	clamati erant
rideo	ridebam	**risi**	riseram
audimini	**audiebamini**	auditi estis	auditi eratis
capimini	capiebamini	capti estis	**capti eratis**
audit	audiebat	audivit	audierat
amaris	amaberis	amatus es	amatus eras
agis	**agebas**	egisti	egeras
amatur	amabatur	**amata est**	amata erat
audimus	audiebamus	audivimus	**audiveramus**
videt	videbant	**viderunt**	viderant

2. Aufgabe: Bringe die gegebenen Sätze ins Passiv!
a) Magister puerum laudat.
b) Multitudo hominum senatores exspectat.

As des Caligula

12. Lektion

Nachdem du mit dem Passiv hoffentlich keine allzu leidvollen Erfahrungen hast sammeln können, geht es heute um ein artverwandtes Thema: die Deponentien. Behalte einen kühlen Kopf (keep cool, wie der Lateiner sagt) und nimm auch diese Hürde — du bist auf dem besten Weg. Viel Spaß und noch mehr Erfolg!

Grammatik-Grundlagen

Deponentien

Deponentien sind **Verben**, die ihre **aktivischen Formen**, nicht jedoch ihre aktivische Bedeutung **abgelegt** (deponere – ablegen, aufgeben) **haben**. Einfach gesagt: Sie sehen wie Passiva aus, sind aber keine ;-)

Bsp.: loquor – ich spreche
conatus sum – ich habe versucht

Aktivische Übersetzung macht hier natürlich keinen Sinn (ich werde gesprochen; ich bin versucht worden).

Neben den „reinen" Deponentien gibt es noch eine Handvoll sog. Semideponentien. Diese haben ihre aktivischen Formen nur halb (semi) abgelegt und bilden ihren Präsensstamm aktivisch. Ausnahme der Ausnahme: *reverti* (s. u.).

Die häufigsten Deponentien sind:

a-Konjugation   *(Schema: Infinitiv, 1. Per. Sg. Präs. Ind. Akt., PPP, Übersetzung)*

arbitrari	arbitror	arbitratus sum	*glauben, meinen*
auxiliari	auxilior	auxiliatus sum	*helfen*
comitari	comitor	comitatus sum	*begleiten*
conari	conor	conatus sum	*versuchen*
cunctari	cunctor	cunctatus sum	*zögern*
dominari	dominor	dominatus sum	*(be-)herrschen*
gloriari	glorior	gloriatus sum	*rühmen, prahlen*
(co)hortari	(co)hortor	(co)hortatus sum	*anfeuern, aufmuntern*
laetari	laetor	laetatus sum	*sich freuen*
(ad)mirari	(ad)miror	(ad)miratus sum	*(be-)wundern*
morari	moror	moratus sum	*sich aufhalten*
osculari	osculor	osculatus sum	*küssen*
populari	populor	populatus sum	*verwüsten*
vagari	vagor	vagatus sum	*umherschweifen*
versari	versor	versatus sum	*sich aufhalten*

lavor – passiv => = ich wasche mich
oder = ich bade

e-Konjugation

confiteri	confiteor	confessus sum	*bekennen*	*profiteor*
fateri	fateor	fassus sum	*bekennen*	
mereri	mereor	meritus sum	*verdienen*	
misereri	misereor	miseritus sum	*sich erbarmen*	
reri	reor	ratus sum	*(be-)rechnen*	
vereri	vereor	veritus sum	*(sich) fürchten*	

i-Konjugation

experiri	experior	expertus sum	*versuchen*
largiri	largior	largitus sum	*spenden, schenken*
moliri	molior	molitus sum	*in Bewegung setzen*
partiri	partior	partitus sum	*teilen*
potiri	potior	potitus sum	*sich bemächtigen*

gem. Konjugation

aggredi	aggredior	aggressus sum	*angreifen*
oriri	orior	ortus sum	*entstehen*
pati	patior	passus sum	*erleiden, erdulden*

kons. Konjugation

adipisci	adipiscor	adeptus sum	*erreichen, erlangen*
frui	fruor	fructus/fruitus sum	*genießen*
fungi	fungor	functus sum	*verwalten, -richten*
irasci	irascor	-	*zürnen*
(e)labi	(e)labor	(e)lapsus sum	*(ent-)gleiten*
loqui	loquor	locutus sum	*sprechen*
nasci	nascor	natus sum	*geboren werden*
oblivisci	obliviscor	oblitus sum	*vergessen*
proficisci	proficiscor	profectus sum	*aufbrechen*
queri	queror	questus sum	*(sich be-)klagen*
reminisci	reminiscor	-	*sich erinnern*
sequi	sequor	secutus sum	*folgen*
uti	utor	usus sum	*(ge-)brauchen*

Semideponentien

audere	audeo	ausus sum	*wagen*
gaudere	gaudeo	gavisus sum	*sich freuen*
solere	soleo	solitus sum	*(zu tun) pflegen*
(con)fidere	(con)fido	(con)fisus sum	*(ver-)trauen*
reverti	revertor	reverti/reversus	*zurückkehren/-gekehrt*

12. Lektion

As des Hadrian

Lernwörter

admirari, -or, -atus sum	bewundern	E: to admire
audere, -eo, ausus sum	(etw.) wagen	
conari, -or, -atus sum	versuchen	
Latine	lateinisch	E: Latin
loqui, -or, locutus sum	sprechen	
melior, -ius	besser	
queri, queror, questus sum	klagen	Querele(n)
semper	immer, stets	
sors, sortis f.	Schicksal, Los	F: sort
spectare, -o, -avi, -atum	(an-)schauen	inspizieren
varius, -a, -um	verschieden	variabel; Varia
videri, videor, visus sum	scheinen (= es scheint als)	

Übungssätze: Deponentien

1. Publius linguas varias bene loquitur.

2. Latine autem Decimus atque Quintus melius loquuntur.

3. Loquerisne Latine, mi amice?

4. Quid agis? Gladiatores spectare conor. gladiator - Gladiator

5. Non audemus, quod vos ausi estis. quod - was

6. Multi homines semper sortem suam queruntur.

7. Si taces, mi amice, assentiri videris. assentiri - zustimmen

8. Omnes pueri eam puellam admirabantur.

Aufgaben zu den Übungssätzen
Schreibe die Deponentien der einzelnen Sätze heraus.

Quickinfo: Thermen

Thermen waren zunächst vor allem **öffentliche Badeanstalten**, da ein Großteil der römischen Bevölkerung über **keinen Wasseranschluss** in der Wohnung verfügte – an den „Luxus" unserer heutigen Badezimmer war gar nicht zu denken. Mit der Zeit, vor allem durch den **Größenwahn** der römischen Kaiser vorangetrieben, entwickelten sich diese Badeanstalten zu **riesigen Freizeitzentren** mit **Schwimmbädern** (die mit kaltem Wasser hießen *frigidaria*, Warmwasserbäder *caldaria*), **Saunen**, **Sport- und Spielplätzen**, **Gärten** und sogar **Bibliotheken** und **Museen**.
Die **Thermen des Trajan** waren fast 100.000 qm groß (zum Vergleich: ein Fußballfeld umfasst rund 6.000 qm).

Überreste der Umkleideräume einer antiken Thermenanlage

Übung

1. Aufgabe
Gib an, welche Form zu einem Deponens gehört, welche zu einem »normalen« Verb; behalte dabei die Tabellen der Seiten 88 und 89 im Hinterkopf / Auge ;-)
a) loquitur; **b)** auditur; **c)** conatus est; **d)** arbitror; **e)** capimini.

Martial: Epigramme

Thais habet nigros, niveos Laecania dentes.
　　Quae ratio est? Emptos haec habet, illa suos.

<u>Hilfen</u>
Thais (weibl. Name); ratio – Grund, Ursache; emptos von emere – kaufen.

<u>Aufgaben</u>
1. Bestimme *quae*. Warum steht an dieser Stelle nicht *qui* oder *quod*?
2. Auf was bezieht sich *emptos* und *suos*? Warum steht nicht *suas*?
   Es handelt sich schließlich um Frauen.
3. Wer ist mit *haec*, wer mit *illa* gemeint?

Thaida Quintus amat. Quam Thaida? Thaida luscam.
　　Unum oculum Thais non habet, ille duos.

Thais?

<u>Hilfen</u>
Thaida (Akk. Sg. von Thais); luscus 3 – einäugig.

<u>Aufgaben</u>
1. Wer liebt wen? (*Thaida Quintus amat.*)
2. Welchen Makel hat Thais?
3. Warum meint Martial, Quintus fehlten beide Augen?

Nuper erat medicus, nunc est vispillo Diaulus:
　　Quod vispillo facit, fecerat et medicus.

<u>Hilfe</u>
vispillo – Leichenträger.

<u>Aufgaben</u>
1. Bestimme die Form *fecerat*.
2. Wie übersetzt du das *et*?
3. Was meint Martial damit?

Kurzbiographie

M. Valerius <u>Martialis</u>; * 40 n. Chr. Bilbilis; † ~103 n. Chr. Bilbilis; der dem Ritterstand angehörende, vermögende Dichter kommt 64 nach Rom; er wird von Kaiser Domitian gefördert, 98 Rückkehr nach Bilbilis. Bedeutendster Vertreter des literarischen Epigramms.
Werk: *Epigrammata* (14 Bücher; Buch 13: *Xenia*, Buch 14: *Apophoreta*), *Liber spectaculorum* (anlässlich der Eröffnung des flavischen Amphitheaters 80) – insgesamt ~1550 Epigramme.

Das nachfolgende Rätsel — wie auch andere Rätsel in diesem
Buch — stammt aus dem folgenden Heft:
Aenigmata Latina von Beat Hüppin
erschienen im F. S. Friedrich Verlag
ISBN: 978-3-937446-16-5
Broschüre; 44 Seiten; A5-Format; 6,95 EUR [D]

Deponentien-Boustrophedon

Weißt du mit Deponentien umzugehen? Du kannst es in diesem Rätsel testen!
Wie ein Boustrophedon-Rätsel funktioniert, weißt du ja inzwischen (sonst sieh dir die
Anleitung zum Genitiv-Boustrophedon nochmals an). Hier gibt es jedoch einen kleinen
Unterschied: der letzte Buchstabe ist bei diesem Rätsel immer gleichzeitig der erste
Buchstabe des neuen Wortes, die Lösungswörter überlappen sich also jeweils.
Es gibt auch einzelne Aufgaben, deren Lösung aus zwei Wörtern besteht. Bei diesen
einfach alles in einem Zug eintragen!
Die blau hinterlegten und numerierten Lösungsbuchstaben ergeben den Namen, den
der legendäre Gründer Roms, Romulus, nach seiner Vergöttlichung angenommen haben
soll.

1. wir versuchen
2. du hast gemeint
3. sie folgen
4. ich bin zurückgegangen (von einer Frau
gesagt) *verwende ein Kompositum von gradi*

5. du wirst sterben
6. ich war gefolgt
7. ich werde mich wundern

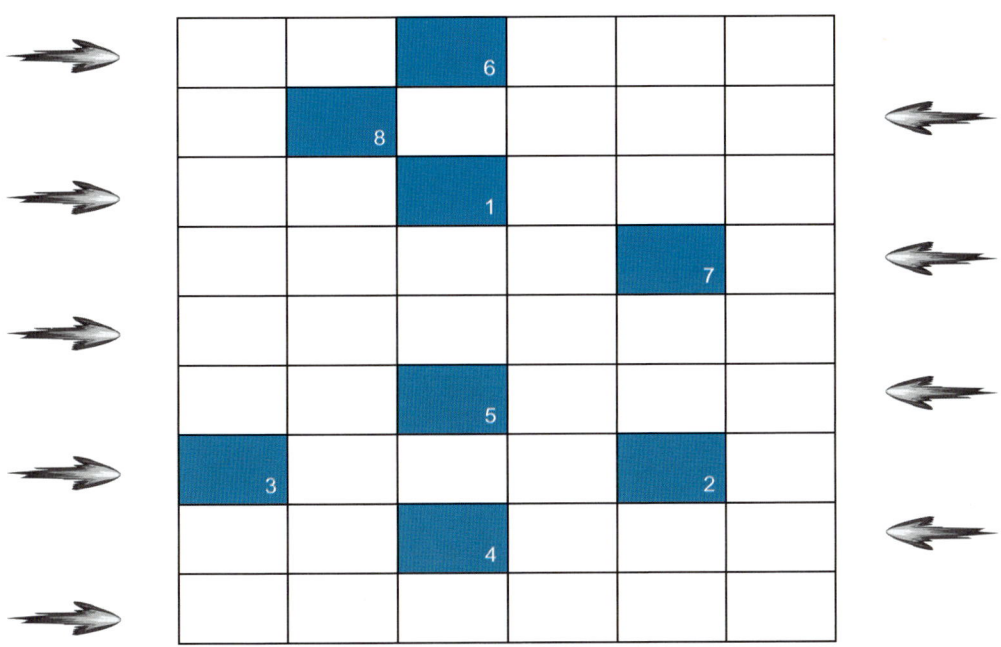

Wiederholung 9-12

Komposita

Unter Komposita versteht man Zusammensetzungen aus Präfix (Vorsilbe) und einem Verb, z. B. con- (zusammen-) + venire (kommen) = convenire (zusammenkommen) — kannst du alle Komposita ihren Übersetzungen zuordnen? :-)

Präfixe

a(b)-
weg-
ad-
da-
con/com-
zusammen-
de-
weg-
dis/dif-
auseinander-
e(x)-
heraus-
in-
in-
inter-
zwischen-,
unter-
o(b)-
gegen-
per-
durch-, über-
prae-
vor-
re-
zurück-
sub-
unter-
super-
über-
trans-
hinüber-

esse   abesse   adesse   deesse

inesse   interesse   praeesse   superesse

prodesse   posse   ferre   afferre

auferre   conferre   deferre   differre

efferre   inferre   offerre   perferre

proferre   referre   transferre   mittere

amittere   committere   emittere   intermittere

omittere   permittere   praemittere   remittere

venire   advenire   circumvenire   convenire

evenire   invenire   pervenire   subvenire

1. tragen, bringen; **2.** in/auf etw. sein; **3.** zurückschicken; **4.** hineintragen; **5.** kommen; **6.** ankommen; **7.** sein; **8.** herbeitragen; **9.** können; **10.** enden; **11.** schicken, lassen; **12.** finden; **13.** hinübertragen; **14.** fehlen, fernbleiben; **15.** hinaustragen; **16.** übrig sein; **17.** abwesend sein, fehlen; **18.** wegschicken; **19.** zu Hilfe kommen; **20.** entgegentragen; **21.** (her-)vortragen; **22.** wegschicken; **23.** vorausschicken; **24.** teilnehmen, dazwischen liegen; **25.** auseinander tragen; **26.** anwesend sein; **27.** weg-, herabtragen; **28.** an der Spitze stehen; **29.** fallen lassen; **30.** (an ein Ziel) tragen; **31.** gelangen, ankommen; **32.** umzingeln; **33.** zurücktragen, -bringen; **34.** begehen, vertrauen; **35.** dazwischentragen lassen; **36.** zusammenkommen; **37.** nützlich sein, nutzen; **38.** wegtragen; **39.** zusammentragen; **40.** hinkommen lassen.

Nochmals hic, haec, hoc

Von den drei jeweils vorgeschlagenen Formen passt nur eine zum Substantiv! Die Lösungsbuchstaben ergeben – in die richtige Reihenfolge gebracht – eine wichtige römische Gottheit.

huius (S)
his (T)   **sermonis**
hos (C)

hunc (I)
hoc (V)   **spatium**
haec (S)

hac (U)
haec (A)   **luce**
huic (I)

hic (O)
has (A)   **fratres**
hi (E)

haec (N)
hac (M)   **scelera**
hae (T)

Lösungswort: __ __ __ __ __

13. Lektion

Hallo! :)
So freundlich die Begrüßung auch sein mag; ich muss gestehen, dass ich dir heute ein sehr umfangreiches und daher anstrengendes Programm zusammengestellt habe. Teile dir die Grammatik deshalb am besten in Blöcke ein; lies dir z. B. zunächst die Einführung zu den Partizipien in Ruhe durch. Danach kannst du dir die Auflösungsmöglichkeiten und später die beiden Satzkonstruktionen anschauen.

Ich weiß, dass es viel auf einmal ist. Dennoch bin ich davon überzeugt, dass du an diesem Meilenstein zum Latinum nicht scheitern wirst. Es heißt eben: tief durchatmen, konzentrieren und in Ruhe arbeiten. Teile dir deine Arbeitszeit heute besonders gut ein.

Lieber ein Ende mit Schrecken als ein Schrecken ohne Ende, oder? Nach Bearbeitung dieses Kapitels hast du das Komplizierteste wirklich überstanden. Im Folgenden wird es dann nämlich nur noch heißen: büffeln (und das können laut Begriff wohl sogar Tiere) und permanent wiederholen. Du schaffst das!

Grammatik-Grundlagen

Partizipien

Während wir im Deutschen lediglich zwei Partizipien (Mittelwörter), nämlich das Präsens- (z. B. *gehend*) und das Perfektpartizip (z. B. *gegangen*), kennen, stehen dem Lateiner gleich drei Partizipien zur Verfügung:

Vorzeitigkeit	**Partizip Perfekt Passiv (PPP)**	doctus, -a, -um
Gleichzeitigkeit	**Partizip Präsens Aktiv (PPA)**	docens, -entis
Nachzeitigkeit	**Partizip Futur Aktiv (PFA)**	docturus, -a, -um

Vor allem werden sie dir in den sog. Partizipialkonstruktionen begegnen. Teilweise findest du aber auch substantivierte Partizipien vor.

Bsp.:
docens (eigtl. lehrend) – der/die Lehrende
doctus (eigtl. gelehrt) – der/die Gelehrte

Zur Formenbildung:
PPP und **PFA** werden nach der **a-/o-Deklination** dekliniert (wie z. B. Adjektive). Das PPP ist die letzte Stammform, beim PFA wird ein -ur- eingeschoben. Das **PPA** wird nach der **3. Deklination** dekliniert, **Erkennungsmerkmal** ist das **eingeschobene -nt-**.

docens, -entis - (wörtl.) lehrend

Singular	m.	f.	n.
Nominativ	docens	docens	docens
Genitiv	docent-**is**	docent-**is**	docent-**is**
Dativ	docent-**i**	docent-**i**	docent-**i**
Akkusativ	docent-**em**	docent-**em**	docens
Ablativ	docent-**e**	docent-**e**	docent-**e**

Plural	m.	f.	n.
Nominativ	docent-**es**		docent-**ia**
Genitiv	docent-**ium**		
Dativ	docent-**ibus**		
Akkusativ	docent-**es**		docent-**ia**
Ablativ	docent-**ibus**		

doctus, -a, -um - gelehrt

Singular	m.	f.	n.
Nominativ	doct-**us**	doct-**a**	doct-**um**
Genitiv	doct-**i**	doct-**ae**	doct-**i**
Dativ	doct-**o**	doct-**ae**	doct-**o**
Akkusativ	doct-**um**	doct-**am**	doct-**um**
Ablativ	doct-**o**	doct-**a**	doct-**o**

Plural	m.	f.	n.
Nominativ	doct-**i**	doct-**ae**	doct-**a**
Genitiv	doct-**orum**	doct-**arum**	doct-**orum**
Dativ	doct-**is**	doct-**is**	doct-**is**
Akkusativ	doct-**os**	doct-**as**	doct-**a**
Ablativ	doct-**is**	doct-**is**	doct-**is**

Das PFA (z. B. docturus, -a, -um) folgt dem gleichen Deklinationsschema; es wird lediglich das Futur-Kennzeichen -ur- eingeschoben.

Auflösungsmöglichkeiten

Partizipialkonstruktionen müssen im Deutschen aufgelöst und dürfen nicht wörtlich übersetzt werden:

temporal	**PPP:** als, nachdem; **PPA:** während
kausal	da, weil
konzessiv	obwohl
modal	indem (nur bei PPA)
konditional	wenn, falls

Auch können Partizipial-konstruktionen durch einen **Relativsatz** ins Deutsche gebracht oder durch „**und**" beiordnend wiedergegeben werden.

Pc

Das **Pc** (lat. **Participium coniunctum**; dt.: verbundenes Partizip) ist ein **Partizip**, welches mit einem **Nomen** in einem **beliebigen Fall übereinstimmt**. In der Regel stehen dabei Nomen und Partizip nicht direkt beieinander, sondern bilden eine sog. **Sperrung**. Das Pc kann nur in den seltensten Fällen wörtlich übersetzt, muss in der Regel **aufgelöst** werden.

Bsp.:
Hostes bello **superati** ad imperatorem Romanum legatos miserunt.

temporal: Nachdem/Als die Feinde im Krieg besiegt worden waren, schickten sie Gesandte zum römischen Feldherrn.
kausal: Da/Weil die Feinde im Krieg besiegt worden waren, schickten sie Gesandte zum römischen Feldherrn.

Erklärung:
Das „bello" bildet die oben beschriebene Sperrung. „Hostes" und „superati" stimmen in Fall, Anzahl und Geschlecht (Kasus, Numerus und Genus) überein (beide Nom. Pl.).

Lernwörter

condere, -o, -didi, -ditum	gründen	
delere, -eo, -evi, -etum	zerstören	E: to delete
dolor, -oris m.	Schmerz	F: douleur
hostis, -is m.	Feind	F: hostile
incipere, -io, -cepi, -ceptum	anfangen, beginnen	
(-io, coepi, coeptum)		
legatus, -i m.	Gesandter	„Legat"
nuntiare, -o, -avi, -atum	melden	denunzieren
patria, -ae f.	Vaterland, Heimat	Patriot; Patriarch
ripa, -ae f.	Ufer	
spes, spei f.	Hoffnung	F: espoir
superare, -o, -avi, -atum	übertreffen, besiegen	
trans (Präp. m. Akk.)	jenseits; über (... hinüber)	trans-
tribunus, -i m. (plebis)	(Volks-)Tribun	„Tribun"
vexare, -o, -avi, -atum	quälen	E: vexation

Übungssätze: Participium coniunctum

1. Hostes proelio superati ad Caesarem legatos miserunt.

2. Catilinae consulatum petenti spes magna erat.

3. Dido ab exercitu e patria expulsa urbem in Africa condidit.

4. Puer dolore vexatus patri paruit.

Aufgaben zu den Übungssätzen
a. Schreibe die jeweiligen Pc-Teile heraus.
b. Gib jeweils das Wort/die Wörter der Sperrung an.
c. Bestimme die Zeiten der Verbformen.

Abl. abs.

Beim **Abl. abs.** (lat.: **Ablativus absolutus**; dt.: losgelöster Ablativ) steht ein **Nomen** zusammen mit einem **Partizip** im **Ablativ**. Wie das Pc darf es nicht wörtlich übersetzt, sondern muss nach gleichem Schema **aufgelöst** werden.

<u>Bsp.:</u>
(mit PPP)
Hostibus pulsis omnes cives laeti erant.

<u>temporal:</u> **Als/Nachdem** die Feinde vertrieben worden waren, waren alle Bürger froh.
<u>kausal:</u> **Da/Weil** die Feinde vertrieben worden waren, waren alle Bürger froh.

<u>Hinweis:</u> Beim **PPP** wird **temporal** mit „als" oder „nachdem" übersetzt.
(mit PPA)
Militibus Romanis dormientibus Germani appropinquabant.

<u>temporal:</u> **Während** die römischen Soldaten schliefen, näherten sich die Germanen.
<u>kausal:</u> **Da/Weil** die römischen Soldaten schliefen, näherten sich die Germanen.

<u>Hinweis:</u> Beim **PPA** wird **temporal** mit „während" übersetzt.

Meist wird entweder temporal oder kausal übersetzt. Eine Möglichkeit für eine Übersetzung mit „obwohl" (konzessiv) böte folgender Satz:
Militibus Romanis dormientibus Germani <u>non</u> appropinquabant.
Obwohl die römischen Soldaten schliefen, näherten sich die Germanen <u>nicht</u>.

Der Abl. abs. ist vom übrigen Satz **losgelöst** *(absolutus)*. Du kannst ihn also auch auf dem Satz entfernen, ohne dass dieser unvollständig würde:
Germani appropinquabant. – Die Germanen näherten sich.

Übungssätze: Ablativus absolutus

1. Omnibus civibus convocatis tribunus plebis orationem habuit.

2. Troia deleta Graeci in patriam navigaverunt.

3. Hoc proelio trans Rhenum nuntiato incolae, qui ad ripas Rheni venerant, domum reverti coeperunt.

4. Hannibale imperante multa bella gerebantur.

convocare - zusammenrufen
orationem habere - eine Rede halten
navigare - segeln
coepi s. *incipere*

Aufgaben zu den Übungssätzen
a. Schreibe die jeweiligen Abl. abs.-Teile heraus.
b. Welche Partizipien (PPP, PPA) wurden gewählt?
c. Welches Geschlecht ist *incola*? Begründe mit einem Wort des Satzes.

13. Lektion

Es tut mir leid! Ja, es tut mir leid, dass ich so viel Stoff in eine Lektion gepackt habe. Habe ich wenigstens eine gute Ausrede? Natürlich! :-)

Die beiden Partizipialkonstruktionen Pc und Abl. abs. sind sich recht ähnlich. Deshalb hielt und halte ich es für sinnvoll, sie dir auf einmal zu präsentieren und nicht auf mehrere Kapitel zu verteilen.

Ich empfehle sehr, dass du dir die Mühe machst und die vorherigen Seiten später noch einmal in Ruhe durchgehst. Das folgende Beispiel soll dir ebenfalls helfen, etwas Licht ins Grammatik-Dickicht zu bringen.

Aus Ärger über meine Methoden kannst du von mir aus meinen Namen auf dem Umschlag rot durchstreichen — nur schlag das Buch danach wieder auf und lies weiter! Du bist schon so weit gekommen; ein Aufgeben macht hier wirklich keinen Sinn mehr ;-)

Und nun weiter mit einem Beispiel zur Hasskonstruktion aller gequälten Lateiner:

1. Beispiel

Omnibus civibus convocatis tribunus plebis orationem habuit.

Der Satz dürfte dir bekannt vorkommen ;-) Grundsätzlich musst du natürlich für das Erkennen einer Partizipialkonstruktion nach einem Partizip Ausschau halten, macht Sinn, nicht wahr? Ist ein Partizip gegeben (egal ob PPA, PPP oder PFA), so ist mit guter Wahrscheinlichkeit auch eine Partizipialkonstruktion enthalten. Im obigen Satz erkennst du »convocatis« als PPP von *convocare*, hoffe ich zumindest.

In Verbindung mit »omnibus civibus« (beides Ablative) liegst du mit der Vermutung, es handele sich um einen Abl. abs., richtig. Auf dem sprachlichen Niveau der Latinums- bzw. Ergänzungsprüfung genügt dir bereits dieser Weg zur Erkenntnis.

Tiberius

2. Beispiel

Hostes proelio superati ad Caesarem legatos miserunt.

Erster Gedanke: Ist ein Partizip enthalten? Antwort: Ja, nämlich »superati« als PPP von *superare*. Steht das Partizip im Ablativ? Nein — es dürfte sich also um ein Pc handeln ;-)

Ich meine, als Grundlage zur Erkennung genügt dies. Vor der Weiterarbeit hast du dir nun eine kleine Pause verdient...

Lernwörter

accusare, -o, -avi, -atum	anklagen	Akkusativ
exstinguere, -uo, -inxi, -stinctum	auslöschen, vertilgen	E: extinguish
florere, -eo, -ui, -	(er-)blühen	florieren
incendere, -o, -i, -censum	anzünden, in Brand stecken	
memoria, -ae f.	Erinnerung	E: memory
postea	später, danach	

Übungssätze: Partizipien

1. Videntes dormiunt.
2. Multae urbes florentes exstinctae sunt.   exstinctae s. *exstinguere*
3. Amicam venientem salutamus.
4. Roma victa postea Carthaginem vicit.
5. Verba audita in memoria teneatis!
6. Discipuli docentem docere vident atque audiunt.
7. Catilina a Cicerone accusatus urbem reliquit.

8. Graeci Troiam post multos annos expugnatam incenderunt.

Aufgabe:
In welchen Sätzen sind Partizipialkonstruktionen (Abl. abs., Pc) enthalten?

9. Oratione habita imperator castra exiit.

Das Kolosseum heute (Innenansicht)

Quickinfo: Kolosseum und Circus Maximus

Das **Kolosseum**, das in der Antike „**Amphitheatrum Flavium**" hieß, und der **Circus Maximus** waren die größten **Spielstätten** im alten Rom. Während im Kolosseum vor allem **Gladiatorenkämpfe** und **Tierhetzen** stattfanden, eignete sich der Circus Maximus (das „circus" bezieht sich auf seine Form und ist mit einem heutigen Zirkus samt Clowns nicht zu verwechseln) vor allem für **Wagenrennen**. Ein solches Wagenrennen ging durch den Film „Ben Hur" (mit Charlton Heston von 1959) in die Filmgeschichte ein.

Der Circus Maximus fasst die unglaubliche Zahl von 200.000 bis 375.000 Menschen, im Kolosseum fanden nach heutigen Schätzungen rund 50.000 Zuschauer Platz.

Bei Wagenrennen im Circus Maximus fuhren die Gespanne **sieben Runden** gegen den Uhrzeigersinn. Auf der sog. „**spina**", welche die Bahn in der Längsachse teilte, befanden sich entsprechend der zu fahrenden Rundenzahl sieben **marmorne Delphine**, von denen einer pro Runde herabgesenkt wurde.
Ein tagfüllender Renntag bestand zunächst aus einem, später aus zwei Dutzend Rennen.

Das Kolosseum war der größte geschlossene Bau der römischen Antike und diente den modernen **Sportstadien** als Vorbild. Es ist über 150 m breit, knapp 200 m lang und rund 50 m hoch. Durch die **elliptische Form** war es den Zuschauern besonders gut möglich, dem Geschehen zu folgen.
Das Kolosseum gilt noch heute als **architektonische** und **logistische Meisterleistung**. So war die Arena **unterkellert** und „beherbergte" zahlreiche Räume und Gänge (s. Abb.). Auch befanden sich hier die Zellen für die zum Tode verurteilten Verbrecher, die in der Arena hingerichtet wurden.
Das Kolosseum konnte in ca. 15 Minuten mit Zuschauern gefüllt oder wieder geleert werden.

Das Kolosseum heute (Außenansicht)

Übungen

1. Aufgabe
Gib an, ob es sich um ein Pc oder einen Abl. abs. handelt, und übersetze!

1. Orgetorix regni cupiditate inductus coniurationem nobilitatis fecit.
2. Hoc proelio facto Caesar Romam rediit.
3. Germanico bello confecto multis de causis Caesar statuit sibi Rhenum esse transeundum.
4. Hostes proelio superati ad Caesarem legatos de pace miserunt.

2. Aufgabe
Dekliniere die folgenden Partizipien!

1. amatus, -a, -um
2. audiens, audientis
3. moniturus, -a, -um

Fotografie des »Lapis Niger«
(vgl. S. 8)

14. Lektion

Heute heißt es pauken, pauken und nochmals pauken — oder aber mit Verstand lernen :-) Die acht folgenden Tabellen lassen sich nämlich mit den kurzen Bildungsregeln zusammenfassen; bei Begriffsproblemen (z. B. »Wie sehen noch einmal die Personalendungen aus?« blätterst du am besten zur Wiederholung 1-4 zurück. Viel Erfolg!

Der Konjunktiv

Während der **Indikativ** (Wirklichkeitsform) gebraucht wird, um eine **Tatsache** darzustellen, benutzt man den **Konjunktiv** (Möglichkeitsform), um etwas in **Aussicht** zu stellen. Der Konjunktiv tritt im Lateinischen vor allem in **Nebensätzen** in Erscheinung. In **Hauptsätzen** gelten bei den folgenden Zeiten die beigefügten Übersetzungen; es wird **nicht wörtlich** übersetzt.

Konj. Präsens	1. **sollen; mögen** (z. B. »Er/Sie soll/möge lieben«) 2. **lassen** (z. B. »Lasst uns trinken!«)
Konj. Imperfekt	**würde** (z. B. »Er würde jetzt anders entscheiden.«)
Konj. Plusquamperfekt	**hätte** (z. B. »Sie hätte jetzt anders entschieden.«)

Lernwörter

alter, -era, -erum	ein anderer, der andere	Alternative
ante *(Präp. m. Akk.)*	vor	
brevis, -e/ **brevi**	kurz/in Kürze	„Brief", Brevier
cottidianus, -a, -um	täglich	F: quotidien
crescere, -o, crevi, cretum	wachsen, zunehmen	Crescento
dimittere, -o, -misi, -missum	wegschicken, entlassen	E: to dismiss
facilis, -e	leicht	diffizil (dis + facilis)
fieri, fio, factus sum	(gemacht) werden, entstehen	
finire, -io, -ivi, -itum	beenden	F: finir
humus, -i **f. (!)**	Boden	Humus
igitur	also	
ille, -a, -ud	jener, jene, jenes	
iucundus, -a, -um	angenehm	
iuvenis, -is m.	junger Mann	E: juvenile
liberare, -o, -avi, -atum	befreien	E: to liberate
malum, -i n.	Übel; *(auch)* Apfel	
manere, -eo, mansi, mansum	bleiben, warten	
membrum, -i n.	(Mit-)Glied, Teil	E: member
mors, mortis f.	Tod	F: mort
mulier, mulieris f.	Frau	
mundus, -i m.	Welt	F: monde
nemo	niemand	
rapere, -io, -ui, raptum	rauben	
regnum, -i n.	Herrschaft, (König-)Reich	F: règne
sicut	so wie	
transire, -eo, -ii, -itum	hinübergehen, überqueren	
virgo, virginis f.	Jungfrau	F: virginal
vivere, -o, vixi, victum	leben	F: vivre
voluntas, -atis f.	Wille, Wunsch	F: volontaire

Präsens Konjunktiv Aktiv

a-Konj.	e-Konj.	i-Konj.	gem. Konj.	kons. Konj.
am-e-m	mone-a-m	audi-a-m	capi-a-m	reg-a-m
am-ē-s	mone-ā-s	audi-ā-s	capi-ā-s	reg-ā-s
am-e-t	mone-a-t	audi-a-t	capi-a-t	reg-a-t
am-ē-mus	mone-ā-mus	audi-ā-mus	capi-ā-mus	reg-ā-mus
am-ē-tis	mone-ā-tis	audi-ā-tis	capi-ā-tis	reg-ā-tis
am-e-nt	mone-a-nt	audi-a-nt	capi-a-nt	reg-a-nt

Bildungsregel:
Präsensstamm + Einschub *a* (a-Konj. Einschub *e*) Personalendung Präsens Aktiv

Präsens Konjunktiv Passiv

a-Konj.	e-Konj.	i-Konj.	gem. Konj.	kons. Konj.
am-e-r	mone-a-r	audi-a-r	capi-a-r	reg-a-r
am-ē-ris	mone-ā-ris	audi-ā-ris	capi-ā-ris	reg-ā-ris
am-e-tur	mone-a-tur	audi-a-tur	capi-a-tur	reg-a-tur
am-ē-mur	mone-ā-mur	audi-ā-mur	capi-ā-mur	reg-ā-mur
am-ē-minī	mone-ā-minī	audi-ā-minī	capi-ā-minī	reg-ā-minī
am-e-ntur	mone-a-ntur	audi-a-ntur	capi-a-ntur	reg-a-ntur

Präsensstamm + Einschub *a* (a-Konj. Einschub *e*) Personalendung Präsens Passiv

Imperfekt Konjunktiv Aktiv

a-Konj.	e-Konj.	i-Konj.	gem. Konj.	kons. Konj.
amāre-m	monēre-m	audīre-m	capere-m	regere-m
amārē-s	monērē-s	audīrē-s	caperē-s	regerē-s
amārē-t	monērē-t	audīrē-t	caperē-t	regerē-t
amārē-mus	monērē-mus	audīrē-mus	caperē-mus	regerē-mus
amārē-tis	monērē-tis	audīrē-tis	caperē-tis	regerē-tis
amāre-nt	monēre-nt	audīre-nt	capere-nt	regere-nt

Infinitiv (Präsens) + Personalendung Präsens Aktiv

Imperfekt Konjunktiv Passiv

a-Konj.	e-Konj.	i-Konj.	gem. Konj.	kons. Konj.
amāre-r	monēre-r	audīre-r	capere-r	regere-r
amārē-ris	monērē-ris	audīrē-ris	caperē-ris	regerē-ris
amārē-tur	monērē-tur	audīrē-tur	caperē-tur	regerē-tur
amārē-mur	monērē-mur	audīrē-mur	caperē-mur	regerē-mur
amārē-minī	monērē-minī	audīrē-minī	caperē-minī	regerē-minī
amāre-ntur	monēre-ntur	audīre-ntur	capere-ntur	regere-ntur

Infinitiv (Präsens) + Personalendung Präsens Passiv

Perfekt Konjunktiv Aktiv

a-Konj.	e-Konj.	i-Konj.	gem. Konj.	kons. Konj.
amāv-eri-m	monu-eri-m	audīv-eri-m	cēp-eri-m	rēx-eri-m
amāv-eri-s	monu-eri-s	audīv-eri-s	cēp-eri-s	rēx-eri-s
amāv-eri-t	monu-eri-t	audīv-eri-t	cēp-eri-t	rēx-eri-t
amāv-eri-mus	monu-eri-mus	audīv-eri-mus	cēp-eri-mus	rēx-eri-mus
amāv-eri-tis	monu-eri-tis	audīv-eri-tis	cēp-eri-tis	rēx-eri-tis
amāv-eri-nt	monu-eri-nt	audīv-eri-nt	cēp-eri-nt	rēx-eri-nt

Bildungsregel:
Perfektstamm + *eri* + Personalendung Präsens Aktiv

Perfekt Konjunktiv Passiv

	a-Konj.	e-Konj.	i-Konj.	gem. Konj.	kons. Konj.
sim	amāt-us/a/um	monit-us/a/um	audīt-us/a/um	capt-us/a/um	rēct-us/a/um
sīs	amāt-us/a/um	monit-us/a/um	audīt-us/a/um	capt-us/a/um	rēct-us/a/um
sit	amāt-us/a/um	monit-us/a/um	audīt-us/a/um	capt-us/a/um	rēct-us/a/um
sīmus	amāt-ī/ae, a	monit-ī/ae, a	audīt-ī/ae, a	capt-ī/ae, a	rēct-ī/ae, a
sītis	amāt-ī/ae, a	monit-ī/ae, a	audīt-ī/ae, a	capt-ī/ae, a	rēct-ī/ae, a
sint	amāt-ī/ae, a	monit-ī/ae, a	audīt-ī/ae, a	capt-ī/ae, a	rēct-ī/ae, a

PPP-Formen + Konj. Präsens Formen von *esse*

Plusquamperfekt Konjunktiv Aktiv

a-Konj.	e-Konj.	i-Konj.	gem. Konj.	kons. Konj.
amāv-isse-m	monu-isse-m	audīv-isse-m	cēp-isse-m	rēx-isse-m
amāv-issē-s	monu-issē-s	audīv-issē-s	cēp-issē-s	rēx-issē-s
amāv-isse-t	monu-isse-t	audīv-isse-t	cēp-isse-t	rēx-isse-t
amāv-issē-mus	monu-issē-mus	audīv-issē-mus	cēp-issē-mus	rēx-issē-mus
amāv-issē-tis	monu-issē-tis	audīv-issē-tis	cēp-issē-tis	rēx-issē-tis
amāv-isse-nt	monu-isse-nt	audīv-isse-nt	cēp-isse-nt	rēx-isse-nt

Perfektstamm + *isse* + Personalendung Präsens Aktiv

Plusquamperfekt Konjunktiv Passiv

	a-Konj.	e-Konj.	i-Konj.	gem. Konj.	kons. Konj.
essem	amāt-us/a/um	monit-us/a/um	audīt-us/a/um	capt-us/a/um	rēct-us/a/um
essēs	amāt-us/a/um	monit-us/a/um	audīt-us/a/um	capt-us/a/um	rēct-us/a/um
esset	amāt-us/a/um	monit-us/a/um	audīt-us/a/um	capt-us/a/um	rēct-us/a/um
essēmus	amāt-ī/ae, a	monit-ī/ae, a	audīt-ī/ae, a	capt-ī/ae, a	rēct-ī/ae, a
essētis	amāt-ī/ae, a	monit-ī/ae, a	audīt-ī/ae, a	capt-ī/ae, a	rēct-ī/ae, a
essent	amāt-ī/ae, a	monit-ī/ae, a	audīt-ī/ae, a	capt-ī/ae, a	rēct-ī/ae, a

PPP-Formen + Konj. Imperfekt Formen von *esse*

Übungssätze: Konjunktiv

1. Mulier taceat in ecclesia.

2. Si taces, philosophus manes. Si taceres, philosophus maneres.

  Si tacuisses, philosophus mansisses.

3. Gaudeamus igitur, iuvenes dum sumus.

4. Audiatur et altera pars. pars = *hier*: Seite

5. Fiat lux! (*fiat* = Konj. Präs. von *fieri* = *werden*)

6. Vivat, crescat, floreat!

7. Requiescat in pace. (vgl. R. I. P.)

Das Vaterunser

Pater noster, qui es in caelis,
sanctificetur nomen tuum.
Adveniat regnum tuum.
Fiat voluntas tua,
Sicut in caelo et in terra.
Panem nostrum cottidianum da nobis hodie.
Et dimitte nobis debita nostra, dimittere = *hier*: vergeben
Sicut et nos dimittimus debitoribus nostris. (zu debita)
Et ne nos inducas in temptationem,
Sed libera nos a malo.

Michelangelo Buonarrotis »Erschaffung Adams«

14. Lektion

Gaudeamus igitur

Gaudeamus igitur,
Iuvenes dum sumus;
Post iucundam iuventutem,
Post molestam senectutem
Nos habebit humus,   habebit = Fut. I von *habere*
Nos habebit humus.

Ubi sunt, qui ante nos
In mundo fuere?   fuere = *fuerunt*
Vadite ad superos,   ad superos - in den Himmel
Transite ad inferos,   ad inferos - in die Hölle
Ubi iam fuere,
Ubi iam fuere.

Vita nostra brevis est,
Brevi finietur;
Venit mors velociter,
Rapit nos atrociter;
Nemini parcetur,   nemini = Dat. von *nemo*
Nemini parcetur.

Vivat academia,   vivat - es lebe (von *vivere*)
Vivant professores,
Vivat membrum quod libet,   quod libet - jedes
Vivant membra quae libet;   quae libet - alle
Semper sint in flore,   in flore esse - in Blüte stehen
Semper sint in flore.

Vivat et res publica
Et qui illam regit,
Vivat nostra civitas,   civitas - *(hier)* Stadt
Maecenatum caritas,   Maecenas, -atis m. - Mäzen
Quae nos hic protegit.

Vivant omnes virgines,   virgines = Nom. Pl. von *virgo*
Faciles, formosae,
Vivant et mulieres,
Tenerae, amabiles,
Bonae, laboriosae.

Pereat tristitia,
Pereant osores,
Pereat diabolus
Quivis antiburschius,   antiburschius = Feind der Burschen
Atque irrisores.

Die Formen von *esse* (sein) im **Konjunktiv**

si-m	**sī-s**	**si-t**	**sī-mus**	**sī-tis**	**si-nt**	Präsens
ich sei	*du seiest*	*er / sie / es sei*	*wir seien*	*ihr seiet*	*sie seien*	

esse-m	**essē-s**	**esse-t**	**essē-mus**	**essē-tis**	**esse-nt**	Imper-fekt
ich würde sein	*du würdest sein*	*er / sie / es würde sein*	*wir würden sein*	*ihr würdet sein*	*sie würden sein*	

fu-eri-m	**fu-eri-s**	**fu-eri-t**	**fu-eri-mus**	**fu-eri-tis**	**fu-eri-nt**	Perfekt
ich sei gewesen	*du seiest gewesen*	*er / sie / es sei gewesen*	*wir seien gewesen*	*ihr seiet gewesen*	*sie seien gewesen*	

fu-isse-m	**fu-issē-s**	**fu-isse-t**	**fu-issē-mus**	**fu-issē-tis**	**fu-isse-nt**	Plus-quam-perfekt
ich wäre gewesen	*du wärest gewesen*	*er / sie / es wäre gewesen*	*wir wären gewesen*	*ihr wärest gewesen*	*sie wären gewesen*	

Übung

1. Aufgabe

Bilde zu den folgenden Infinitiven die Formen sämtlicher Zeiten im Konjunktiv (Aktiv und Passiv): amare, monere, audire, capere, regere!

»Cantus« (um 1900); Gemälde von Georg Mühlberg (1863-1925)

15. Lektion

Am heutigen vorletzten Grammatiktag kommen wir zu den berühmt-berüchtigten multifunktionalen Konjunktionen ut/ne und cum. Ich wünsche dir daher auf den folgenden Seiten besonders viel Erfolg! :-)

Neben Nebensätzen mit Formen des Indikativs gibt es Nebensätze mit Formen des Konjunktivs. Aufgrund der Kürze dieses Lehrgangs genügt dir im Prinzip das Übersetzungsschema auf der rechten Seite, damit du entsprechende Sätze problemlos übersetzen kannst. Diese Übersetzungsmöglichkeiten musst du dir aber dafür besonders gut merken ;-)

Blick ins Pantheon in Rom

Grammatik-Grundlagen

Die multifunktionalen Konjunktionen

Zu den wichtigsten Wörtern im Lateinischen zählen die sog. **multifunktionalen Konjunktionen**, multifunktional deshalb, weil sie viele Übersetzungsmöglichkeiten bieten und entweder den **Indikativ** oder den **Konjunktiv** verlangen.

ut	
Indikativ	**Konjunktiv**
wie	dass, damit

ne ≈ *ut non*, also: *dass/damit nicht*

cum	
Indikativ	**Konjunktiv**
als, wenn, sooft, indem	als, während, nachdem; da, weil; obwohl

15. Lektion

Lernwörter

factio, -onis f. — Partei
occupare, -o, -avi, -atum — besetzen — E: occupation
optare, -o, -avi, -atum — wünschen — *ad*optieren
persuadere, -eo, -suasi, -suasum +Dat — überzeugen, überreden — E: to persuade
provincia, -ae f. — Provinz — „Provinz
tam — so (sehr)

→ *persuadeo tibi*
dt.   + Akk

Übungssätze: Konjunktionen

1. Nemo tam prudens est, ut omnia sciat. *klug*

2. Edere debemus, ut vivamus. *Essen*

3. Cum Caesar in Galliam venit, duae factiones ibi erant.

4. Cum linguae Latinae perita sis, mihi auxiliari potes. *weil* — peritus 3 - kundig, erfahren

5. Opto, ut venias.

6. Do, ut des.

7. Orgetorix Castico Sequano persuadet, ut regnum in sua *Herrschaft* civitate occupet. — occupare - (hier) übernehmen

8. Caesar, cum id nuntiatum esset, in provinciam contendit. *nachdem* — contendere - sich beeilen
VZ   Koj. Plusquamp.   Akk.

Ich bin sicher, dass du auch mit diesen kleinen Übungssätzen keine (größeren) Probleme hattest. Nimm diese Motivation vielleicht sogar direkt zu den Übungen mit — so umfangreich ist die Lektion schließlich nicht ;-)
Als Abschluss kannst du dir dann den Quickinfo-Text vornehmen. Viel Spaß!

Denar des Nero

Quickinfo: Pompeji und die heutige Archäologie

Text: Dr. Joachim Losehand

Das Interesse der Menschen an den Hinterlassenschaften der Antike beschränkte sich bis ins 20. Jahrhundert vor allem auf die Kunst, Klassische Archäologie war damit vor allem Kunstgeschichte der Antike. Bis dahin waren auch die meisten Grabungen dazu da, antike Kunstschätze zutage zu fördern und in privaten oder öffentlichen Sammlungen, später in Museen auszustellen. Einer der berühmtesten Funde der Renaissance war die Laokoon-Gruppe, welche Raffael aus dem Katakomben des Goldenen Hauses in Rom ans Tageslicht brachte, eine systematische Grabung hatte dieser Fund allerdings nicht zur Folge.

So waren die ersten Grabungen unterhalb des Vesuvs im Areal der bis in die Neuzeit vergessenen Städte Herculaneum (seit 1738) und Pompeji (seit 1748) ebenfalls auf die Hebung von Kunstwerken ausgerichtet, mithin kaum „wissenschaftlich" zu nennen. Viele Liebhaber und Gelehrte, unter ihnen Johann Joachim Winckelmann, zog es ins Königreich Neapel, die Aufmerksamkeit der gebildeten Öffentlichkeit sorgte für eine gewissenhafte Arbeit, die bei allen Mängeln, weitaus sicherer war als die allenthalben in Italien stattfindenden Raubgrabungen, die die scheinbar wertloseren Funde zerstörten. Auch wurden erste Grabungsberichte und Zeichnungen angefertigt.

Das vom Deutschen Winckelmann ausgehende Interesse an der antiken Kunst prägt auch die heutige deutsche Archäologie, die sich große Verdienste in der Sammlung und Systematisierung erworben hat.

Moderne Archäologie arbeitet auch – aus Kostengründen – mit modernsten Mitteln: durch Luftaufnahmen lassen sich bauliche Hinterlassenschaften von oben im Gelände auch ohne Grabung erkennen, die berühmte C-14-Methode, die bei den immer wichtiger gewordenen organischen Hinterlassenschaften (Knochen, Hölzer usw.) eingesetzt werden kann, unterstützt die Datierung. Bei anorganischen Stoffen hilft die Stratigrahpie, die genaue Aufzeichnung der einzelnen Fund-Schichten: da man in der Antike und auch im Mittelalter Gebäude zumeist nicht völlig abtrug, sondern einebnete und den Bauschutt einplanierte (und größere Teile z. T. wieder verwendet wurden), lassen sich so die verschiedenen Phasen der Besiedelung und Bebauung gut rekonstruieren. Ein wichtiger Zweig ist auch die Unterwasserarchäologie, da viele Güter über die Wasserwege transportiert wurden und gerade im Mittelmeer viele Schiffe sanken – und deren Fracht von Archäologen gehoben werden kann.

Pompeji — der letzte Tag (© by Discovery Channel)

Übungen

1. Aufgabe
Gib zur Wiederholung noch einmal — natürlich ohne nachzusehen — sämtliche Übersetzungsmöglichkeiten der Konjunktionen »ut« und »cum«!

2. Aufgabe
Nenne zur Wiederholung sämtliche Konjunktivformen des unregelmäßigen Verbs »esse«!

16. Lektion

Wir kommen heute zum letzten »eigentlichen« Kapitel, das dir Grammatikstoff vermittelt; danach beginnt der Lektüreabschluss dieses Buches. Ich wünsche dir auf den letzten Metern ausreichend mentale Kondition :-)

Grammatik-Grundlagen

Indirekte Rede

Die **indirekte Rede** (lat.: oratio obliqua) findest du häufig beim Zeitungslesen vor. Sie wird z. B. dann gebraucht, wenn über die Aussage eines anderen berichtet wird.
Im Lateinischen ist die indirekte Rede, wie auch der AcI, von einem **Kopfverb** abhängig. Im **Deutschen** wird die indirekte Rede mit dem **Konjunktiv** wiedergegeben.

Bsp.:
Direkte Rede: Marcus fragte: „Wo geht's zum Forum?"
Indirekte Rede: Marcus fragte, wo es zum Forum gehe.

Aussagesätze (auch **rhetorische Fragen**, da diese keine „echten" Fragen darstellen) stehen im **AcI**, **echte Fragen** und **Gliedsätze** im **Konjunktiv** (vgl. Zeitenfolge unten).

Die Zeitenfolge (consecutio temporum)
(bei konjunktivischen Nebensätzen)

Hauptsatz	Nebensatz Gleichzeitigkeit	Vorzeitigkeit	Nachzeitigkeit
Präsens, Futur	Konj. Präsens	Konj. Perfekt	-urus, -a, -um *sim*
Imperfekt, Perfekt, Plusquamperfekt	Konj. Imperfekt	Konj. Plusquamperfekt	-urus, -a, -um *essem*

Du wirst gleich bei den praktischen Anwendungsbeispielen merken, dass es komplizierter ausschaut, als es tatsächlich ist. Daher keine Sorge :-) Ich wünsche dir nun viel Erfolg bei den folgenden Seiten — du schaffst das!

16. Lektion

Ein Beispiel für die indirekte Rede (*oratio obliqua*)

Marcus schreibt einen kleinen Brief an Domitilla, deren Eltern umgezogen sind.

<u>Deutsch</u>
Ich habe seit langer Zeit nichts (mehr) von dir gehört. Was hast du inzwischen gemacht? Ich bedaure sehr, dass du mir nicht geschrieben hast. Es geht dir doch gut? Schreib mir möglichst bald wieder/zurück.

<u>Direkte Rede</u>
Salve Domitilla!
Ex longo tempore nihil a te **audivi**. Quid interim **fecisti**? Valde **doleo**, quod mihi non **scripsisti**. Nonne bene **vales**? Quam primum ad me **scribe**!
Optime vale! Marcus

<u>Indirekte Rede</u>
(Iulius scripsit) se ex longo tempore nihil ab ea **audivisse**. Quid interim **fecisset**? Se valde **dolere**, quod sibi non **scripsisset**. Nonne bene **valeret**? Quam primum ad se **scriberet**!

Aufgabe
Vergleiche die Veränderung der hervorgehobenen Verbformen miteinander (evtl. mit Hilfe der Tabelle von S. 115 und den Formentabellen des Konjunktivs auf den Seiten 105 und 106).

Grammatik-Grundlagen

Das Supin

Man unterscheidet zwei Supina, nämlich das auf **-um** und das auf **-u**. Beide werden mit „**(um) zu**" übersetzt.

<u>Supin I auf -um</u>
Das Supin I steht nach **Verben** der **Bewegung**.
Bsp.: Caesar legatos **auxilium rogatum** misit. – Caesar schickte Gesandte, **um Hilfe zu erbitten**.

<u>Supin II auf -u</u>
Das Supin II steht bei einigen **Adjektiven** und **unpersönlichen Ausdrücken**.
Bsp.: difficile **dictu** – schwer **zu sagen**.

Auch, wenn ich mich damit vermutlich bei einigen Dozenten unbeliebt mache: Das Supin musst du dir sicher <u>nicht</u> »besonders gut« merken ;-)

Lernwörter

accedere, -o, -cessi, -cessum	herangehen, hinzukommen	F: accéder
auxilium, -ii n.	Hilfe	F: auxiliaire
cibus, -i m.	Speise, Nahrung	
cogitare, -o, -avi, -atum	denken	
flere, -eo, flevi, fletum	weinen	„flennen"
iuvare, -o, iuvi, iutum *(+ Akk.)*	unterstützen, helfen	
lavare, -o, lavi, -atum/lautum	waschen	F: laver
metuere, -uo, -ui, -	fürchten	
munitio, -onis f.	Befestigung	
omnino	insgesamt, im Allgemeinen	
populus, -i m.	Volk	populär; Pop-
prior, -ius	früher	

Übungssätze: Indirekte Rede/Supin/Varia

1. Ea res difficile est dictu. ~~Supinum auf -u~~

2. Caesar legatos misit auxilium rogatum.

3. Vir Germanicus respondit se prius in Galliam venisse quam   ~~AcI~~

populum Romanum.

4. Lavatum eamus!

5. Pater liberos interrogavit, cur in forum profecti essent.

6. Galli, cum ad munitiones Romanorum accessissent,

flentes orabant, ut Romani se cibo iuvarent.

7. Erant omnino itinera duo, quibus domo exire possent.

8. Nihil agis, nihil cogitas, quod ego non audiam.

9. Nemo est, Catilina, qui te non metuat.

10. Nos non vitae, sed scholae discere scimus.

16. Lektion

Quickinfo: Alt-Griechisch und Hellenismus

Graeca sunt, non leguntur.
Das sind griechische Worte, man liest sie nicht
Autor unbekannt

Dies wollen wir auch in diesem Buch beherzigen. Allerdings hatte das Alt-Griechische einen derart großen Einfluss auf das Lateinische, dass ich dir zumindest Grundlegendes zu Sprachgeschichte, Alphabet und Personen erläutern möchte. Nicht ohne Grund wird neben dem Latinum für einige Studiengänge auch das Graecum, der Nachweis über entsprechende Griechisch-Kenntnisse, verlangt.

Zur Sprache
Alt-Griechisch ist, wie auch Latein, eine sog. »tote Sprache«, also eine Sprache, die von keinem heute lebenden Volk als Muttersprache gesprochen wird, was jedoch nicht bedeutet, dass sich niemand mehr in dieser Sprache unterhält. Es gibt z. B. viele lateinische Sprachzirkel und Vereine, welche das moderne, aktive Latein, die latinitas viva, fördern.

Heute wird in Griechenland zwar griechisch, jedoch ein anderes, das sog. Neu-Griechisch, gesprochen. In Italien und Rom spricht man bekanntlich italienisch.

Homer

α	A	Alpha
β	B	Beta
γ	Γ	Gamma
δ	Δ	Delta
ε	E	Epsilon
ζ	Z	Zeta
η	H	Eta
ϑ	Θ	Theta
ι	I	Iota
κ	K	Kappa
λ	Λ	Lambda
μ	M	My
ν	N	Ny
ξ	Ξ	Xi
ο	O	Omikron
π	Π	Pi
ρ	P	Rho
σ, ς	Σ	Sigma
τ	T	Tau
υ	Υ	Ypsilon
φ	Φ	Phi
χ	X	Chi
ψ	Ψ	Psi
ω	Ω	Omega

Alt-Griechisch im Alltag

Meist hat man beim Pro-Argument für den altsprachlichen Unterricht bzw. das Alt-Griechische, Fremdwörter ließen sich leicht ableiten, Fachbegriffe im Kopf, die ein Normalsterblicher nicht aussprechen kann. Doch auch Alltägliches hat seinen Ursprung im antiken Griechenland.

Sokrates

Griechische Vorsilben (sog. Präfixe)
aero- (Luft-), z. B. Aerodynamik (*Luftkraft*)
archäo- (Altertums-, Vorzeit), z. B. Archäologie
(*Altertumswissenschaft*)
chromo-/chromato- (Farb-), z. B. Chromosom (*Farbkörper*)
gynäko- (Frau-), z. B. Gynäkologie (*Frauen(heil)kunde*)
philo- (Freund), z. B. Philologe (*Freund des Wortes*)
phono- (Ton-), z. B. Phonograph (*Ton-Aufzeichner*)
pyro- (Feuer-), z. B. Pyrotechnik (*Feuer-Technik*)

Griechische Nachsilben (sog. Suffixe)
-graph (-beschreiber), z. B. Geograph (*Erdbeschreiber*)
-graphie (-beschreibung), z. B. Geographie (*Erdbeschreibung*)
-meter (-messer), z. B. Thermometer (*Wärmemesser*)
-metrie (-messung), z. B. Geometrie (*Erdmessung*)
-skop (-betrachter), z. B. Teleskop (*Fernbetrachter*)

»Die Schule von Athen«; Fresko von Raffael aus dem 16. Jh.

Wiederholung 13-16

Im heutigen Wiederholungskapitel wollen wir uns mit einem bekannten Trinklied aus dem Mittelalter beschäftigen, welches sogar von **Carl Orff** (1895-1982) in dessen *Carmina Burana* (Beurische Lieder) übernommen wurde. Viel Spaß! :-)

In taberna quando sumus,	**quando** – *(hier:)* wenn;
non curamus, quid sit humus,	**humus** – der Tod; das, was sein wird;
sed ad ludum properamus,	
cui semper insudamus.	**insudare** – schwitzen
Quid agatur in taberna,	
ubi nummus est pincerna,	**pincerna** – Mundschenk
hoc est opus, ut quaeratur,	**opus est** – es ist nötig; ut ... – dass man ...
sed quid loquar, audiatur.	
Quidam ludunt, quidam bibunt,	
quidam indiscrete vivunt;	**indiscrete** – liederlich
sed in ludo qui morantur,	
ex his quidam denudantur,	**denudare** – entblößen, ausziehen
quidam ibi vestiuntur,	**vestire** – ein-, bekleiden
quidam saccis induuntur.	**saccus** – ?; **induere** – anziehen
Ibi nullus timet mortem,	
sed pro Baccho mittunt sortem.	**sortem mittere** – das Los wählen
Primo pro nummata vini,	**nummata** – Zeche, Rechnung
ex hac bibunt libertini,	**libertini** – die Freigelassenen
semel bibunt pro captivis,	**semel** – einmal; **captivi** – die Gefangenen
post haec bibunt ter pro vivis,	**ter** – dreimal; **vivis** = viventibus
quater pro Christianis cunctis,	**quater** – viermal
quinquies pro fidelibus defunctis,	**quinquies** – fünfmal; **defunctus** 3 – tot
sexies pro sororibus vanis,	**sexies** – sechsmal; **vanus** 3 – »leicht«
septies pro militibus silvanis.	**septies** – siebenmal; **miles silvanus** – Raubritter

Octies pro fratribus perversis,	**perversus** 3 – schlecht, verkehrt
novies pro monachis dispersis,	**dispersus** 3 – falsch
decies pro navigantibus,	**navigantes** – Seeleute, -fahrer
undecies pro discordantibus,	**discordantes** – die Uneinigen
duodecies pro penitentibus,	**penitentes** – die Bereuenden
tredecies pro iter agentibus.	**iter agentes** – die Reisenden
Tam pro papa quam pro rege	**papa** – der Papst
bibunt omnes sine lege.	
Bibit hera, bibit herus,	**hera** – Frau; **herus** – Herr
bibit miles, bibit clerus,	**clerus** = ?
bibit ille, bibit illa,	
bibit servus cum ancilla,	**ancilla** – Sklavin, Magd
bibit velox, bibit piger,	**velox** – der Schnelle; **piger** – der Faule
bibit albus, bibit niger,	**albus** – der Weiße; **niger** – der Schwarze
bibit constans, bibit vagus,	**constans** – der Beständige; **vagus** – der
bibit rudis, bibit magus.	Unbeständige; **rudis** – der Dumme;
	magus – der Weise, (auch:) Zauberer
Bibit pauper et egrotus,	**pauper** – der Arme; **egrotus** – der Kranke
bibit exul et ignotus,	**exul** – der Verbannte; **ignotus** – der Un-
bibit puer, bibit canus,	bekannte; **canus** – der Alte/Graue
bibit presul et decanus,	**presul** – Bischof; **decanus** = ?
bibit soror, bibit frater,	
bibit anus, bibit mater,	**anus** – (auch:) alte Frau
bibit ista, bibit ille,	
bibunt centum, bibunt mille.	**centum** (C) = 100; **mille** (M) = 1.000

velle & Co.

Ein wichtiges unregelmäßiges Verb ist *velle*. Leider bietet es immer wieder Anlass zu Verwechslungen mit anderen Wörtern.

Schaffst du es, das Rätsel richtig auszufüllen?

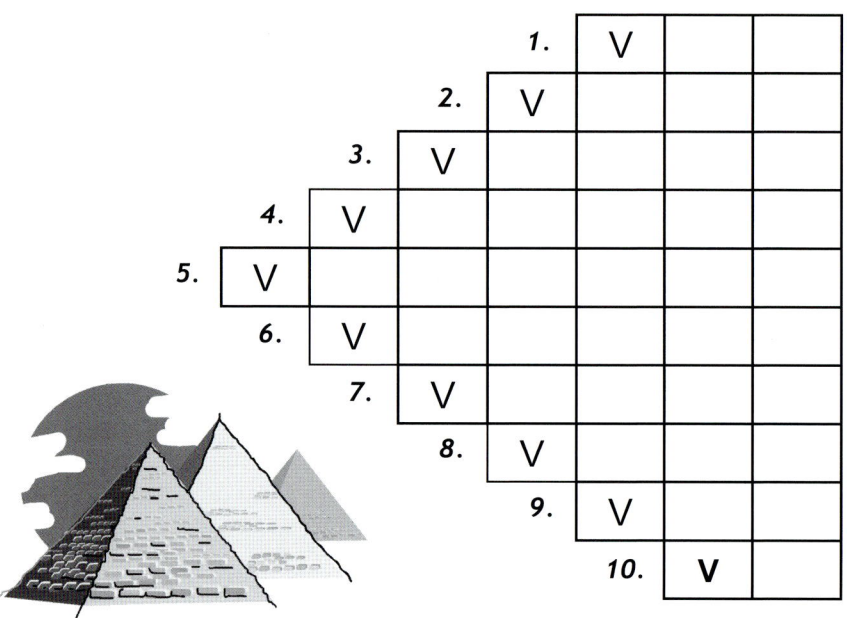

1. du willst
2. ich fliege
3. ich möchte
4. er wälzt, rollt
5. wir wollen
6. sie möchten
7. er wird wollen
8. er will
9. der Mann
10. mit Gewalt

17. Lektion

Wir sind nun schon bei Lektion 17 angekommen. Ich gratuliere dir zu deinem Durchhaltevermögen :-) Heute beginnt für dich mit dem Autor *Cornelius Nepos* die Lektürephase innerhalb dieses Bandes. Es gilt vor allem, beim Übersetzen systematisch voranzugehen, einen kühlen Kopf zu bewahren und das Nachschlagen unbekannter Vokabeln zu üben ;-) Ich wünsche dir viel Erfolg!

Quickinfo: Militär & Kriegswesen

Das römische Heer (*exercitus Romanus*) wurde bis ins 2. Jh. v. Chr. vor allem aus dem Bauernstand rekrutiert. Da jedoch der Bedarf an Soldaten permanent stieg, wandelte Marius die bisherige Methode in das System der Freiwilligenanwerbung um.

Truppenaufteilung

1 Legion = 10 Kohorten	1 Legion = 3.600 - 6.000 Soldaten
1 Kohorte = 3 Manipel	1 Kohorte = 360 - 600 Soldaten
1 Manipel = 2 Zenturien	1 Manipel = 120 - 200 Soldaten
	1 Zenturie = 60 - 100 Soldaten

Zur Bewaffnung

Die römischen Soldaten waren bewaffnet mit
> zwei Wurfspeeren (*pila*)
> einem Langschild (*scutum*)
> und einem Kurzschwert (*gladius*).

Römische Legionäre bilden ein Schilddach, die sog.»testudo« (Schildkröte).

17. Lektion

Das Lager

Die römischen Legionäre ließen stets höchste Sorgfalt beim Bau ihrer Lager walten. So folgte auch die Konzeption festgelegten Regeln. *castra* wurden quadratisch angelegt. Im Zentrum befand sich stets das *praetorium*, das Feldherrnzelt. Das Lager wurde von einem Wall (*agger*) und einem Graben (*fossa*) umgeben. Ein Zwischenraum (*intervallum*) trennte den Wall von den Zelten.
Jedes Lager besaß auf jeder Seite ein Tor, eine *porta*. Natürlich wurden, sowohl bei Tage als auch bei Nacht, ausreichend viele Wachen an verschiedenen Posten aufgestellt. Du merkst: Perfekte Organisation im antiken Rom ;)

Hadrian

Lernwörter

alienus, -a, -um	fremd	Alien
anima, -ae f.	Seele	
animus, -i m.	Geist, Seele	
conservare, -o, -avi, -atum	retten, bewahren	konservieren
deponere, -o, -posui, -positum	ablegen	deponieren
discedere, -o, -cessi, -cessum	auseinandergehen	
dubitare, -o, -avi, -atum	zweifeln	E: doubt
erga *(Präp. m. Akk.)*	gegen	
invidia, -ae f.	Neid, Hass	
natio, -onis f.	Nation, Volk	„Nation"
nisi	wenn nicht	
numquam	nie(mals)	
pellere, -o, pepuli, pulsum	vertreiben, stoßen, schlagen	
praestare, -o, -avi, -atum	übertreffen	
prudentia, -ae f.	Klugheit	F: prudence
quantus, -a, -um	wie groß/sehr	
quidem	freilich	
tantus, -a, -um	so groß/sehr	
velut	wie, gleichwie	
verus, -a, -um	wahr	F: vrai

HANNIBAL

Si verum est, quod nemo dubitat, ut populus Romanus omnes gentes virtute superarit, non est infitiandum Hannibalem tanto praestitisse ceteros imperatores prudentia, quanto populus Romanus antecedat fortitudine cunctas nationes. Nam quotienscumque cum eo congressus est in Italia, semper discessit superior. Quod nisi domi civium suorum invidia debilitatus esset, Romanos videtur superare potuisse. Sed multorum obtrectatio devicit unius virtutem. Hic autem velut hereditate relictum odium paternum erga Romanos sic conservavit, ut prius animam quam id deposuerit, qui quidem, cum patria pulsus esset et alienarum opum indigeret, numquam destiterit animo bellare cum Romanis.

superarit = superaverit

prudentia - an Klugheit

superior - als Sieger

videtur - es scheint

Hannibal beim Überqueren der Alpen

17. Lektion

Lernwörter

adeo	so sehr	
adversus, -a, -um	gegen(-über)	F: adversaire
aequus, -a, -um	gleich, gerecht	E: equal
afficere, -io, -feci, -fectum	versehen mit, antun	
circumvenire, -io, -i, -ventum	einschließen, umzingeln	
confligere, -o, -flixi, -flictum	kämpfen, zusammenschlagen	
consularis, -e	konsularisch	
deligere, -o, -legi, -lectum	auswählen	
dexter, -tra, -trum	rechter	
fuga, -ae f.	Flucht	
fugare, -o, -avi, -atum	vertreiben	F: fugitif
gravis, -e	schwer	Gravitation
hinc	von hier	
inde	von dort	
insidiae, -arum f. (Pl.)	Falle, Hinterhalt	F: insidieux
manus, -us f. (!)	Hand, Schar	manuell
nullus, -a, -um	keiner	Null
occidere, -o, -i, -cisum	töten	
oculus, -i m.	Auge	Okular
paulum	ein wenig	
pervenire, -io, -i, -ventum	gelangen	
praeterea	außerdem	
premere, -o, pressi, pressum	drücken	
pugna, -ae f.	Kampf	
pugnare, -o, -avi, -atum	kämpfen	
resistere, -o, -stiti, -	widerstehen, sich widersetzen	resistent
uter, utra, utrum	wer von beiden?	

Rhodanum - die Rhône (Fluss)

Padum - der Po (Fluss)

Conflixerat apud Rhodanum cum P. Cornelio Scipione consule eumque pepulerat. Cum hoc eodem Clastidi apud Padum decernit sauciumque inde ac fugatum dimittit. Tertio idem Scipio cum collega Tiberio Longo apud Trebiam adversus eum venit. Cum his manum conseruit, utrosque profligavit. Inde per Ligures Appenninum transiit, petens Etruriam. Hoc itinere adeo gravi morbo afficitur oculorum, ut postea numquam dextro aeque bene usus sit. Qua valetudine cum etiam tum premeretur lecticaque ferretur C. Flaminium consulem apud Trasumenum cum exercitu insidiis circumventum occidit neque multo post C. Centenium praetorem cum delecta manu saltus occupantem. Hinc in Apuliam pervenit. Ibi obviam ei venerunt duo consules, C. Terentius et L. Aemilius. Utriusque exercitus uno proelio fugavit, Paulum consulem occidit et aliquot praeterea consulares, in his Cn. Servilium Geminum, qui superiore anno fuerat consul.

nullo resistente

- ohne Widerstand

Hac pugna pugnata Romam profectus est nullo resistente.

Quickinfo: Karthago und die Punischen Kriege

Text: Dr. Joachim Losehand

Die Rivalität mit Karthago, der einst größten Seemacht im Osten des Mittelmeers, begann mit der Expansion Roms in Italien bis hinunter nach Sizilien. Dort überlappten sich die Einflusssphären immer wieder und es kam zu Reibereien und wechselseitigen Verträgen.

Der sog. 1. Punische Krieg (264-241 v. Chr.) wurde durch einen Vertragsbruch seitens der Römer ausgelöst, die aufgrund ihrer Unerfahrenheit im Seekrieg zunächst herbe Verluste erlitten, durch die Erfindung der Enterbrücke, die so den Seekrieg zwischen Schiffen zum Landkrieg zwischen enternden Soldaten machte, aber schließlich die Oberhand gewannen und Karthago einen herben Frieden und den Verlust von Sizilien, später auch Sardinien und Korsika diktierten.

Hannibal, ein Spross der einflussreichsten punischen Familie der Barkhiden, zog im 2. Teil des Kampfes in einem Gewaltakt über Südfrankreich, die Ausläufer der Alpen nach Italien und brachte aufgrund seines überragenden militärischen Talents Rom einige Niederlagen bei, so bei Cannae (216 v. Chr.): Rom lag schutzlos und dem Untergang geweiht vor Hannibal („*Hannibal ad portas!*"), der jedoch belagerte oder eroberte Rom nicht. Weil Hannibal in Italien bei den dortigen von Rom unterdrückten Stämmen keinen nachhaltigen Rückhalt fand, scheiterte jedoch die Expedition und Hannibal musste den Rückzug antreten. In der Schlacht bei Zama in Nordafrika wurde Hannibal schließlich von P. Cornelius Scipio (Africanus) 202 v. Chr. geschlagen.

Der 3. Punische Krieg brachte die physische Vernichtung der Stadt Karthago (146 v. Chr.), das sich nur mühsam von den Kapitulationsbedingungen des 2. Krieges erholt hatte. Die Stadt wurde völlig zerstört, die Gebiete um die Stadt zur römischen Provinz.

Die Ruinen Karthagos heute

Zur Arbeit mit dem Wörterbuch

Du musst dich mit dem Gedanken anfreunden, **Vokabeln schnell** und **korrekt nachschlagen** zu können. Bei Prüfungen dürfen die Prüflinge normalerweise lateinisch-deutsche Lexika benutzen, weshalb ich in diesem Kapitel kurz darauf eingehen möchte.

Standardwörterbücher im deutschsprachigen Raum bis zum Latinum sind der **Stowasser**, die **Langenscheidt-** und die **PONS-Lexika**. Vielerorts wird dem Stowasser der Vorzug gegeben, weil er keinen grammatikalischen Anhang mit Flexionstabellen enthält. Häufig wird von Dozenten oder Prüfern auch das Heraustrennen der Seiten aus den anderen Wörterbüchern als Option zur Verwendung gegeben.

Mit wenigen Ausnahmen listen lateinisch-deutsche Wörterbücher **Verben** nach der **1. Per. Sg. Präsens** Ind. Akt., also z. B. *facio* (statt *facere*) und geben naturgemäß eine Vielzahl an **Übersetzungsmöglichkeiten**.

Ich möchte an dieser Stelle noch einmal vehement betonen, dass du dich beim Vokabellernen nicht ob der Möglichkeit des Nachschlagens auf die faule Haut legen kannst — im Gegenteil! Je weniger Vokabeln du kennst, desto undurchsichtiger wird der Text beim Lesen und Übersetzen. Es gilt meist die Faustregel: *1 Wort pro Minute* (z. B. 180 Wörter in drei Stunden). Hiervon sind dir in der Regel einige Wörter unbekannt; musst du dann noch überdurchschnittlich viele Vokabeln nachschlagen, kann es mit der Zeit rasch knapp werden. Also: Immer brav Vokabeln lernen ;-)

Verbinde!

a) bis dat, qui cito dat

b) cuius regio, eius religio
c) ubi bene, ibi patria
d) id est
e) hic et nunc
f) ama et fac, quod vis
g) hic Rhodos, hic salta
h) quod licet Iovi, non licet bovi
i) quot homines, tot sententiae

1. *Was Jupiter erlaubt ist, ist einem Ochsen (noch lange) nicht erlaubt.*
2. *hier und jetzt*
3. *Liebe und tu, was du willst.*
4. *Hier Rhodos, hier der Sprung*
5. *Wo es mir gut geht, dort ist meine Heimat.*
6. *Wie viele Menschen, so viele Meinungen*
7. *wessen Region, dessen Religion*
8. *das heißt*
9. *doppelt gibt, wer schnell gibt*

18. Lektion

Von Caesar, dem wohl bekanntesten Römer, hast du sicher schon einmal etwas gehört. Nun wirst du dieses (Halb-)Wissen erweitern :-)

Lies dir zunächst seine Kurzbiographie durch, hiernach kannst du dich mit einem adaptierten Abschnitt aus seinem bekanntesten Werk, dem Gallischen Krieg (bellum Gallicum), befassen.

Viel Erfolg!

Kurzbiographie: Gaius Iulius Caesar

~ 100: C. Iulius Caesar wird am 13.7. als Sohn einer altadeligen Familie (Patriziat) in Rom geboren.

82: Caesar, der sich C. Marius angeschlossen hat, gerät nach Rückkehr Sullas, eines politischen Gegners des Marius, auf die Proskriptionslisten (öffentl. aufgestellte Tafeln mit den Namen aller, für deren Ermordung eine Belohnung versprochen wurde) und flüchtet bis zu Sullas Tod im Jahre 78 v. Chr. in den Osten.

~ 68: Caesar wird Quaestor in Spanien.

65: Caesar gewinnt als curulischer Aedil durch Ausrichtung prunkvoller Spiele das Volk für sich.

63: Caesar wird Pontifex Maximus.

62: Caesar wird Propraetor in Spanien.

60: 1. Triumvirat mit Pompeius und Crassus.

59: Caesar wird Konsul.

58: Caesar wird Prokonsul in Gallien. Sieg über die von Ariovist angeführten Sueben.

56: Caesar wird für weitere 5 Jahre Prokonsul in Gallien.

55: Caesar dringt über den Rhein in germanisches Gebiet vor.

52: Caesar schlägt den gallischen Aufstand unter Vercingetorix nieder.

49: Erneute Bewerbung Caesars um das Konsulat. Der Antrag wird jedoch vom Senat abgelehnt. Der Senat gibt Pompeius diktatorische Vollmachten und entzieht Caesar das Kommando über Heer und Verwaltung in Gallien. Überschreitung des Rubikon mit den Worten *alea iacta est* (Der Würfel ist gefallen.). Eroberung Italiens und Spaniens.

48: Sieg Caesars über Pompeius. Caesar lernt in Alexandria Kleopatra kennen.

45: Caesar wird zum Diktator auf Lebzeit ernannt. Adoption des Großneffen Octavius, des späteren Kaisers Augustus.

44: Caesar lehnt zwar die Ernennung zum König ab, wird jedoch trotzdem an den Iden des März (= 15.3.) von Republikanern unter der Führung von Cassius und Brutus ermordet.

Quickinfo: Gallier und Germanen

Text: Dr. Joachim Losehand

Statue des Gallier Vercingetorix

Die in Clans umherziehenden Kelten und Germanen, deren Wanderbewegung wohl – wie später zur Zeit der Völkerwanderung – im aufgetretenen Ungleichgewicht von Bevölkerung und Nahrung zu begründen ist, suchten die fruchtbaren Ebenen Norditaliens mehrmals heim. Besonders schockierend für die Römer war die Belagerung und der Sturm Roms durch den Fürsten Brennus (387 v. Chr.), ein Trauma, das über Jahrhunderte anhielt und schließlich zum Genozid an gallischen Stämmen unter Caesar kumulierte. Eigentlich als Präventivkrieg gekennzeichnet, war er tatsächlich aber ein Eroberungs- und Vernichtungskrieg.

Nicht ganz 50 Jahre vor den Eroberungszügen Caesars schlug der Feldherr und mehrmalige Konsul Marius zwei Germanenstämme aus dem Norden bei Aix-en-Provence (102 v. Chr.) und einen in Norditalien. „Als die Römer frech geworden, zogen sie nach Deutschlands Norden" heißt es in einem Spottlied des 19. Jahrhunderts, die berühmte Niederlage römischer Truppen unter dem der Schlacht namensgebenden Feldherren Varus (9. n. Chr.) gegen Arminius, einen in Rom erzogenen cheruskischen Aristokraten, ist der Endpunkt römischer Expansion nach Norden. Nach diesem Fanal in der Nähe der heutigen Stadt Osnabrück wurde die Rheingrenze zum Bollwerk gegen die germanischen Barbaren ausgebaut (*limes*). Erst zur Völkerwanderung sollte diese Grenze fallen, obwohl immer wieder kleinere oder größere Gruppen den römischen Heeren große Probleme bereiteten (so starb Kaiser Marc Aurel 180 n. Chr. im Feldlager Wien, als er gegen die Markomannen, einen germanischen Volksstamm, Krieg führte).

Verbinde!

a) Pacta sunt servanda.
b) Ceterum censeo Carthaginem esse delendam.
c) De gustibus non est disputandum.
d) ars amandi
e) in statu nascendi
f) modus vivendi
g) Nunc est bibendum!
h) quod erat demonstrandum

1. *die Kunst des Liebens*
2. *Über Geschmack lässt sich nicht streiten.*
3. *die Art des Lebens*
4. *Nun ist zu trinken!*
5. *im Zustand des Entstehens*
6. *Verträge / Bündnisse sind einzuhalten.*
7. *was zu beweisen war*
8. *Im Übrigen bin ich der Meinung, dass Karthago zerstört werden muss.*

Lernwörter

amicitia, -ae f.	Freundschaft	**F:** amitié
auctoritas, -atis f.	Ansehen, Einfluss	Autorität
comparare, -o, -avi, -atum	beschaffen, vergleichen	Komparativ
constituere, -uo, -ui, -utum	beschließen, aufstellen	Konstitution
copia, -ae f.	Menge, Vorrat	Kopie
cultus, -us m.	Kultur, Ausbildung, Anbau	Kult(-us*ministerium*)
cupiditas, -atis f.	Begierde, Leidenschaft	**F:** cupidité
dives, divitis	reich	
finis, -is m.	Grenze, Gebiet, Ende	**F:** fin
fortis, -e	tapfer	**F:** fort
frumentum, -i n.	Getreide	
humanitas, -atis f.	höhere Bildung	Humanität
incolere, -o, -ui, -cultum	bewohnen	
legatio, -onis f.	Gesandtschaft	Legation
matrimonium, -ii n.	Ehe	**F:** matrimonial
nobilis, -e	adelig, berühmt	nobel
pertinere, -eo, -ui, -	sich erstrecken	**F:** pertinent
propterea	deshalb, deswegen	
proximus, -a, -um	nächster	**F:** proximité
suscipere, -io, -cepi, -ceptum	aufnehmen, beginnen	

Erwachsener Mann aus Herculaneum (Italien)

131

C. Iulius Caesar;
De bello Gallico (adaptiert)

divisa est - ist geteilt

... inter se differunt - unterscheiden sich in ...

Matrona, Sequana
- Marne, Seine

cultus, humanitas - Kultur, höhere Bildung

Gallia est divisa in partes tres, quas Belgae, Aquitani et Galli incolunt. Galli ipsorum lingua Celtae appellantur. Hi omnes – Belgae, Aquitani et Galli – lingua, institutis et legibus inter se differunt. Garunna flumen Gallos ab Aquitanis, a Belgis Matrona et Sequana dividit. Belgae horum omnium fortissimi sunt, propterea quod a cultu atque humanitate provinciae longissime absunt.

Praeterea minime saepe mercatores ad eos commeant atque res important, quae animos effeminare possunt. Belgae proximi Germanis sunt, qui trans Rhenum incolunt, quibuscum continenter bellum gerunt. Qua de causa Helvetii quoque reliquos Gallos virtute praecedunt, quod fere cotidianis proeliis cum Germanis contendunt.

minime saepe - sehr selten

effeminare - verweiblichen

Rhenus - der Rhein

virtute praecedere
- an Tapferkeit übertreffen

Apud Helvetios Orgetorix vir nobilissimus et di(vi)tissimus fuit. Is, M. Messala et M. Pisone consulibus, regni cupiditate inductus coniurationem nobilitatis fecit. Civitati persuasit, ut de finibus suis cum omnibus copiis exirent. His rebus adducti et auctoritate Orgetorigis permoti constituerunt ea, quae ad proficiscendum pertinerent, comparare, iumenta et carros coemere atque sementes quam maximas facere, ut in itinere copia frumenti suppeteret. Praeterea cum proximis civitatibus pacem et amicitiam confirmare voluerunt. Ad eas res conficiendas biennium sibi satis esse duxerunt. In tertium annum profectionem lege confirmant. Ad eas res conficiendas Orgetorix deligitur. Is legationem ad civitates suscepit. In eo itinere Orgetorix Castico Sequano persuadet, ut regnum in sua civitate occuparet. Iam Catamantaloedes, pater Castici, regnum apud Sequanos multos per annos obtinuerat. Itemque Orgetorix Dumnorigi Haeduo, fratri Diviciaci, persuadet, ut idem conaretur. Ei filiam suam in matrimonium dat.

... consulibus - unter dem Konsulat von ...

coniurationem facere -
eine Verschwörung anzetteln

quam maximas - möglichst viel

copia - Vorrat

biennium - Zeitraum von 2 Jahren

lege - per Gesetz

matrimonium dare - verheiraten

Orgetorix, Casticus und Dumnorix schlossen einen Bund, um gemeinsam ganz Gallien regieren zu können.

19. Lektion

Nach der doch recht umfangreichen Portion Caesar wollen wir uns heute einen kleinen Abstecher in die Krisenphase der römischen Republik erlauben. Es geht um den Verschwörer Catilina, der unbedingt die Macht im Staat an sich reißen möchte. Dies verhindert — im letzten Moment — Cicero; hierüber wirst du in Lektion 20 noch mehr erfahren. Heute hingegen gebe ich dir einen (kürzeren) Text von Sallust über Catilina. Zunächst aber eine kurze Vita:

Kurzbiographie: Lucius Sergius Catilina

Catilina wurde um **108 v. Chr. geboren** und entstammte einem alten, aber verarmten römischen **Patriziergeschlecht**. Sallust beschreibt ihn als Mann „von großer körperlicher und geistiger Kraft", jedoch von schlechtem Charakter.
Im Bürgerkrieg (*bellum civile*) von 88 v. Chr. schloss sich Catilina Sulla an und scheute nicht vor grausamen Taten zurück. Er soll ferner aus Geldgier seine erste Frau, seinen Sohn und seinen Schwager ermordet haben.
Wie für politisch ambitionierte Römer üblich, durchlief Catilina die obligatorische Ämterlaufbahn, den *cursus honorum*:

78 v. Chr. Quaestor
71 v. Chr. Aedil
68 v. Chr. Praetor

Bei seiner Präfektur in der Provinz Africa bereicherte sich Catilina jedoch derart maßlos, dass er angeklagt und ihm später seine Bewerbung auf das **Konsulat verwehrt** wurde.
Nach mehreren gescheiterten Bewerbungen um das Konsulat zettelte er eine **Verschwörung** (*coniuratio*) an, welche vom damaligen Konsul Cicero aufgedeckt wurde. Die Anklagereden Ciceros sind noch heute erhalten und werden von den meisten Lateinern auf dem Weg zum Latinum gelesen.

Nach der Anklage misslang Catilinas Versuch, wieder an die Spitze seines Heeres zu gelangen. Er wurde bei **Pistoria** gestellt, geschlagen und **fiel** bei diesem Kampf. Währenddessen wurden seine **Anhänger** des **Hochverrats angeklagt** und **hingerichtet**.

Lernwörter

agitare, -o, -avi, -atum	(an-)treiben	agitieren
altus, -a, -um	hoch, tief	Alt *(Stimmlage)*
audax, audacis	kühn, frech	F: audace
augere, -eo, auxi, auctum	vergrößern, vermehren	
avaritia, -ae f.	Geiz, Habgier	F: avarice
caedes, -is f.	Mord, Gemetzel	
capere, -io, cepi, captum	fangen, fassen	kapieren
civilis, -e	bürgerlich, Bürger-	zivil
corpus, corporis n.	Körper, Leiche	E: corpse
dominatio, -onis f.	Herrschaft	Dominanz
exercere, -eo, -ui, -citum	üben	exerzieren
familiaris, -e	vertraut, freundschaftlich	familiär
ferox, ferocis	wild	
genus, generis n.	Art, Geschlecht	Genus
gratus, -a, -um	erwünscht, willkommen	
incitare, -o, -avi, -atum	antreiben	F: inciter
inopia, -ae f.	Mangel, Not	
iuventus, -tutis f.	Jugend	
libido, libidinis f.	Lust, Begierde, Verlangen	Libido
luxuria, -ae f.	Genusssucht	Luxus
magis	mehr	
mos, moris m.	Sitte, Brauch	Moral
natus, -a, -um	geboren	
nimis	zu (sehr)	
parum	(zu) wenig	
rapina, -ae f.	Raub	
sapientia, -ae f.	Weisheit	Homo sapiens
scelus, sceleris n.	Verbrechen	F: scélérat
supra	oben, oberhalb	

Archaismen — bitte was? :-)

Sallust gebraucht gerne **Archaismen**, das sind Wortformen, die schon zu Lebzeiten des Autors **veraltet** wirkten bzw. **nicht mehr gebräuchlich** waren (vgl. im Deutschen »golden« und »gülden«). Folgende Regelmäßigkeiten sind zu beachten:

1. Keine Assimilation (Lautangleichung), also z. B. co**n**mittere statt co**mm**ittere.

2. o statt u/e (v**u**lgus > v**o**lgus; templum nov**u**m > templum nov**o**m)

3. u statt e/i (max**i**mus > max**u**mus; l**i**bido > l**u**bido; pess**i**mus > pess**u**mus)

4. quo statt cu (**cu**i > **quo**i; **cu**ius > **quo**ius; **cu**m > **quo**m)

C. Sallustius Crispus
De coniuratione Catilinae

vi - *von vis*

ingenium - Charakter;
pravus - unrecht
bellum intestinum - Bürgerkrieg

L. Catilina, nobili genere natus, fuit magna vi et animi et corporis, sed ingenio malo pravoque. Huic ab adulescentia bella intestina, caedes, rapinae, discordia civilis grata fuere ibique iuventutem suam exercuit. Corpus patiens inediae, algoris, vigiliae supra quam quoiquam credibile est. Animus audax, subdolus, varius, quoius rei lubet simulator ac dissimulator, alieni adpetens, sui profusus, ardens in cupiditatibus; satis eloquentiae, sapientiae parum. Vastus animus inmoderata, incredibilia, nimis alta semper cupiebat. Hunc post dominationem L. Sullae lubido maxuma invaserat rei publicae capiundae, neque id quibus modis adsequeretur, dum sibi regnum pararet, quicquam pensi habebat. Agitabatur magis magisque in dies animus ferox inopia rei familiaris et conscientia scelerum, quae utraque iis artibus auxerat, quas supra memoravi. Incitabant praeterea corrupti civitatis mores, quos pessuma ac divorsa inter se mala, luxuria atque avaritia, vexabant.

Schon gewusst?

Die meisten SchülerInnen und StudentInnen, die sich mit dem Lateinischen herumplagen müssen, haben (größere) Probleme mit dem Übersetzen von Sätzen und Texten. Vermutlich geht es dir (noch) genauso.

Grundsätzlich lässt sich diesen Schwierigkeiten durch Methode (siehe Tipps zur Vorgehensweise rechts) und natürlich Praxis, d. h. Übung, beikommen. Daher solltest du möglichst viel Lateinisches lesen und übersetzen: per aspera ad Latinum ;-)

Quickinfo: Die größten Feinde Roms

Text: Dr. Joachim Losehand

Neben den Puniern, Kelten und Germanen, die an anderer Stelle behandelt werden, waren die Parther die zähesten Gegner des römischen Reiches.

Die Parther eroberten sukzessive seit Mitte des 3. Jh. v. Chr. Teile des Seleukidenreiches. Schließlich umfasste ihr Herrschaftsgebiet zur Zeit seiner größten Ausdehnung in etwa den heutigen Irak und die westlichen Teile des Irans. Als sich das römische Reich nach Osten hin ausdehnte, kam es mit den Parthern unweigerlich in Kontakt, ein Kontakt, der zu einer über 300 Jahre dauernden Rivalität führte. Die Römer verloren unter Crassus bei Carrhae sowohl eine Schlacht (53 v. Chr.) als auch die heiligen Feldzeichen, die erst unter Augustus, rund dreißig Jahre später, auf diplomatischem Wege nach Rom zurückkamen. Caesar wollte gegen die Parther ziehen, was sein Tod kurz vor der Abreise in den Osten verhinderte. Auch die Kaiserzeit sah viele Kämpfe an der Ostgrenze, der Euphrat war bis ins dritte Jahrhundert hinein Schauplatz von Invasionen und Kämpfen. Auch wenn Kaiser Trajan, unter dessen Regierung das Reich die größte Ausdehnung hatte, Gebiete über den Euphrat annektierte, mussten diese schon unter seinem Nachfolger Hadrian verloren gegeben werden. In der Folgezeit mussten sich viele Herrscher von den Parthern durch hohe Geldzahlungen freikaufen, um deren Stillhalten zu garantieren.

Mein »5-Schritte-Plan« für dich:

1. Zunächst einmal liest du dir den Textabschnitt (ggf. den gesamten Prüfungstext samt Einleitung) mehrfach in Ruhe durch. Ebenso liest du dir hiernach jeden einzelnen zu übersetzenden Satz mehrfach durch. Am Anfang solltest du versuchen, den Inhalt - zumindest grob - zu erfassen. Dann schlägst du unbekannte Vokabeln nach.

2. Finde Prädikat (bei Caesar meist eine Verbform der 3. Per. Sg. oder Pl.) und Subjekt (meist ein Substantiv im Nominativ).

3. Halte nun nach Satzkonstruktionen Ausschau (AcI, Abl. abs., PC).

4. Trenne einen längeren Satz ggf. (vgl. »Übersicht behalten«), indem du auch Semikola und das angehängte -que als Übersetzungspause nutzt.

5. Blocke nun Satzteile, die unmittelbar zusammengehören, z. B. Präpositionen mit ihren Bezugswörtern (lerne hierfür den Kasus (Fall), mit dem die Präposition steht, z. B. ad + Akk.) und Wörter in KNG-Kongruenz.

20. Lektion

Beim Namen Cicero geraten die Altphilologen stets in Entzückung. Auch wenn ich dies nicht von dir verlange, so erwarte ich doch, dass du unvoreingenommen (höchstens positiv ;-)) an die folgenden Seiten zur »Kichererbse« (*cicer*) gehst.

Viel Spaß? Viel Erfolg auf jeden Fall! :-)

M. Tullius Cicero

Kurzbiographie: Marcus Tullius Cicero

am 3.1.106 v. Chr. wird Cicero in Arpinum geboren

79-77 v. Chr. Studienaufenthalt in Athen und auf Rhodos

69 v. Chr. Aedil

66 v. Chr. Praetor

63 v. Chr. Konsul; Cicero deckt die Verschwörung des Catilina auf und lässt dessen Anhänger hinrichten

58 v. Chr. Verbannung aus Rom

57 v. Chr. Cicero wird unter hohen Ehren nach Rom zurückgeholt

51/50 v. Chr. Statthalter in Kilikien

43 v. Chr. Cicero gerät auf die Proskriptionsliste des Antonius und wird ermordet.

Verbinde!

a) corpus delicti	1. *die Wiederholung ist die Mutter der Studien*
b) curriculum vitae	2. *ehrenhalber; der Ehre wegen*
c) defensor dei/fidei	3. *Vater des Vaterlandes*
d) dies irae	4. *Eselsbrücke*
e) malleus maleficarum	5. *Gegenstand des Vergehens*
f) honoris causa	6. *der Hexenhammer*
g) pater patriae	7. *Verteidiger Gottes/des Glaubens*
h) pons asini	8. *Lebenslauf*
i) repetitio est mater studiorum	9. *Tag des Zorns*

Lernwörter

audacia, -ae f.	Kühnheit, Frechheit	
concurrere, -o, -curri, -cursum	zusammenlaufen, -treffen	Konkurrenz
concursus, -us m.	Auflauf, Zusammenstoß	Konkurs
conferre, -fero, -tuli, -latum	zusammentragen, vergleichen	Konferenz
consilium, -ii n.	Plan, Beschluss, Rat	
consilium capere	einen Plan fassen	
designare, -o, -avi, -atum	bezeichnen, ernennen	designieren
furor, -oris m.	Wut, Raserei	
iactare, -o, -avi, -atum	werfen	
ignorare, -o, -avi, -atum	nicht wissen/kennen	ignorieren
immo	ganz im Gegenteil	
locus, -i m.	Ort, Platz, Stelle	Lokal
munire, -io, -ivi, -itum	befestigen	
oportet, oportuit	es gehört/ziemt sich	
patere, -eo, -ui, -	offenstehen	
praesidium, -ii n.	Posten, Schutz	Präsidium
publicus, -a, -um	öffentlich	publik
quam diu	wie lange	
scientia, -ae f.	Wissen	**E:** science
senatus, -us m.	Senat	„Senat"
sentire, -io, sensi, sensum	fühlen, meinen	**F:** sentir
telum, -i n.	Geschoss	
timor, -oris m.	Angst, Furcht	
vero	aber, wahr	
vitare, -o, -avi, -atum	(ver-)meiden	
vultus, -us m.	Gesicht, Aussehen	

Unbekannter, alter römischer Mann

20. Lektion

Cicero
Oratio prima in L. Catilinam
habita in senatu

quo usque tandem
- wie lange noch

egeris von *agere*

Quo usque tandem abutere, Catilina, patientia nostra? Quam diu etiam furor iste tuus nos eludet? Quem ad finem sese effrenata iactabit audacia? Nihilne te nocturnum praesidium Palati, nihil urbis vigiliae, nihil timor populi, nihil concursus bonorum omnium, nihil hic munitissimus habendi senatus locus, nihil horum ora voltusque moverunt? Patere tua consilia non sentis? Constrictam iam horum omnium scientia teneri coniurationem tuam non vides? Quid proxima, quid superiore nocte egeris, ubi fueris, quos convocaveris, quid consilii ceperis — quem nostrum ignorare arbitraris?

O tempora, o mores! Senatus haec intellegit. Consul videt;
hic tamen vivit. Vivit? Immo vero etiam in senatum venit, fit
publici consilii particeps, notat et designat oculis ad caedem   oculis - mit den Augen
unum quemque nostrum. Nos autem fortes viri satis facere
rei publicae videmur, si istius furorem ac tela vitemus.
Ad mortem te, Catilina, duci iussu consulis iam pridem
oportebat, in te conferri pestem, quam tu in nos omnes iam   pestis - Verderben
diu machinaris.

Quickinfo: Politik und Staatswesen

Wie du dir sicher denken kannst, unterschied sich das **Staatswesen** im antiken Rom von unserem heute. Während wir in einer Demokratie (griech.: Volksherrschaft) leben, wandelte sich Rom vom **Königtum** (bis 510 v. Chr.) über die **Republik** (bis 44 v. Chr.) zum **Kaisertum** (sowohl das deutsche Wort „Kaiser" als auch das russische „Zar" leiten sich von „Caesar" her).

Für diejenigen Politiker, welche die höchsten Staatsämter bekleiden wollten, war der **cursus honorum** (wörtl.: „Lauf der Ehren"; gemeint ist die Ämterlaufbahn) traditionell und obligatorisch:
Quaestor -> Volkstribun (*tribunus plebis*) -> Aedil -> Praetor -> Konsul

Außerhalb des cursus honorum standen die beiden **Censoren** und in Ausnahmefällen (z. B. im Krieg) der **Diktator**.

Da Befugnisse und Amtsdauer stark reguliert und begrenzt waren, Erfahrungen jedoch in der Politik eine große Rolle spielten, nahm der **Senat**, der Ältestenrat (von *senex* = alter Mann, Greis), welcher sich aus ehemaligen Beamten zusammensetzte, eine Sonderstellung ein. Zwar lag bei ihm **keine Entscheidungsmacht**, jedoch eine **beratende Funktion**. Mitglieder des Senats hießen **Senatoren**.

Die einzelnen Stufen, Magistrate (*magistratus*) genannt, waren **Ehrenämter**, d. h. die Inhaber erhielten im Gegensatz zu heutigen Politikern **keine Diäten**. Deshalb konnten sich in der Regel nur Mitglieder reicher Familien, also der Patrizier, ein politisches Leben ohne Einkommen leisten. Nur selten schafften „normale" Bürger wie etwa Cicero den Sprung in die Spitzenpolitik. Diese Emporkömmlinge wurden als *homines novi* (Sg. *homo novus*) bezeichnet.

Latein-Quiz

1. Frage
Wann wurde **Rom** der Sage nach **gegründet**?
a) 753 v. Chr.
b) 753 n. Chr.
c) 1900
d) 2003

2. Frage
Wann wurde **Caesar ermordet**?
a) Iden des März 44. n. Chr.
b) Iden des Mai 44. v. Chr.
c) Iden des März 44. v. Chr.
d) Was sind Iden?

3. Frage
Übersetze *veni, vidi, vici*!
a) Ich komme, sehe und siege.
b) Wind, Sicht und Sieg.
c) Der Würfel ist gefallen.
d) Ich kam, sah und siegte.

4. Frage
Der Name welches Römers heißt übersetzt »**Stiefelchen**«?
a) Caesar
b) Caligula
c) Augustus
d) Cicero

5. Frage
Was versteht man unter dem **Vokativ**, was unter dem **Imperativ**?
a) Vokativ? Imperativ?
b) Vokativ = Befehlsform; Imperativ = Anredeform
c) Vokativ = Anredeform; Imperativ = Befehlsform
d) Beides Befehlsform

6. Frage
Wie war der Name des letzten **etruskischen Königs** in Rom?
a) Tarquinius Superbus
b) Helmut Kohl
c) George W. Bush
d) Romulus Rex

*Ich denke, nach so viel harter Arbeit durfte man es etwas
unverkrampfter angehen lassen, nicht wahr? ;-)*

Gesamtwiederholung

»Exotische« Deklinationen

Exotisch ist eigentlich hier nicht das richtige Wort, denn einige sehr häufige Wörter gehören zu diesen Deklinationen.

Jedenfalls sollst du hier das angegebene Substantiv an das Adjektiv angleichen und die erhaltene Form in die Tabelle eintragen. Es ergibt sich als Lösungswort der vollständige Name eines großen Komödiendichters.

1. magni (portus)

2. pulchrae *(Sg.)* (facies)

3. tristi *(Abl.)* (interitus)

4. iucunda (species)

5. horrida *(Abl.)* (pernicies)

6. celebrem (portus)

7. parvis (exercitus)

8. ingentia (cornu)

9. incredibiles (res)

10. monstrantium (manus)

11. falsae *(Sg.)* (fides)

12. candidam (facies)

13. iocosarum (res)

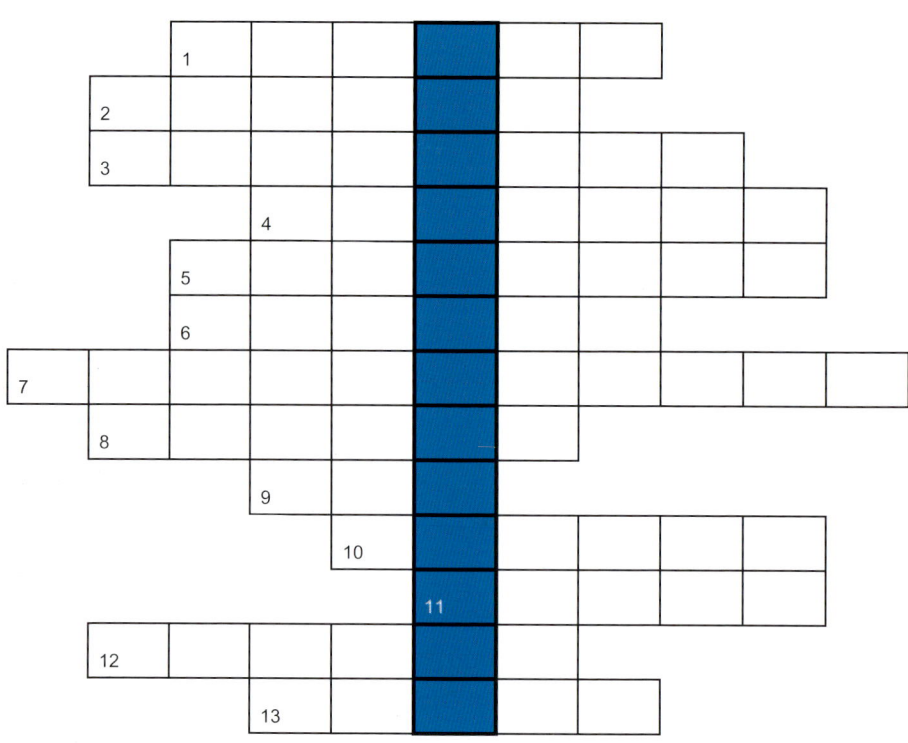

Flexionsübungen

Nun »darfst« du abschließend noch einmal das Wichtigste deklinieren bzw. konjugieren. Viel Erfolg beim finalen Check!

1. Aufgabe: Dekliniere!
a) amica, -ae f.
b) amicus, -i m.
c) puer, -eri m.
d) templum, -i n.
e) senator, -oris m.
f) tempus, -oris n.
g) civis, -is m./f.
h) turris, -is f.
i) mare, maris n.
j) magnus, -a, -um
k) omnis, -is, -e
l) dies, diei m.
m) exercitus, -us m.
n) cornu, -us n.

2. Aufgabe: Konjugiere!
a) amare, -o, -avi, -atum
b) monere, -eo, -ui, -itum
c) audire, -io, -ivi, -itum
d) capere, -io, cepi, captum
e) regere, -o, rexi, rectum

Präsens Ind. Akt.
Präsens Ind. Pass.
Präsens Konj. Akt.
Präsens Konj. Pass.

Imperfekt Ind. Akt.
Imperfekt Ind. Pass.
Imperfekt Konj. Akt.
Imperfekt Konj. Pass.

Perfekt Ind. Akt.
Perfekt Ind. Pass.
Perfekt Konj. Akt.
Perfekt Konj. Pass.

Plusquamperfekt Ind. Akt.
Plusquamperfekt Ind. Pass.
Plusquamperfekt Konj. Akt.
Plusquamperfekt Konj. Pass.

Futur I+II Ind. Akt.
Futur I+II Ind. Pass.

Erhaltene Straßenkreuzung des antiken Pompeji

Gesamtwiederholung

Verbinde!

a) alma mater
b) aurea mediocritas
c) dies ater
d) homo novus
e) homo sapiens
f) libertas et iustitita
g) nomen est omen
h) numerus clausus
i) tabula rasa
j) ultima ratio
k) terminus technicus

1. der Name ist Vorbedeutung
2. Fachbegriff
3. die geschlossene Anzahl
4. Freiheit und Gerechtigkeit
5. abgeschabte Tafel
6. die goldene Mitte
7. die letzte Vernunft
8. die Nährmutter (Universität)
9. der weise Mensch
10. Emporkömmling
11. ein schwarzer Tag

Diese Aussicht durften Gladiatoren vor ihrem (vielleicht letzten) Kampf »genießen«

Übersetzungsübung

Schlage unbekannte Vokabeln im Wörterbuch nach. Viel Erfolg!

1. Dum spiro, spero.

2. Ut sementem feceris, ita metes.

3. Vere ineunte Romani ad bellum proficiscebantur.

4. Athenienses, cum hostes appropinquare audivissent, urbem reliquerunt.

5. Urbs ab hostibus capta et deleta est.

6. Legati venerunt, qui auxilium peterent.

7. Quamquam sunt sub aqua, sub aqua maledicere temptant.

8. Quamvis sint sub aqua, sub aqua maledicere temptant.

9. Puer, cum poenam metueret, domum redire non ausus est.

10. His rebus confectis Caesar in Galliam revertit.

11. Scimus dominos Romanos nonnumquam inhumanos in servos suos fuisse.

12. Scilicet domini humani erant.

13. Olim adulescens quidam amicis suis multa de artibus narravit.

14. Cum apud Graecos antiquissimum sit genus poetarum, nos serius poeticam accepimus.

15. Ut desint vires, tamen est laudanda voluntas.

16. Cum vita sine amicis metus plena sit, ratio ipsa monet amicitias comparare.

Fragen zum Text:
a) Welche Konstruktion liegt in Satz 10 vor?
b) Welche Konstruktion liegt in Satz 11 vor?
c) In welchem Fall steht *artibus*? Warum?
d) Welche nd-Form (Gerund oder Gerundiv) liegt in Satz 15 vor?

21. Lektion

Zum hoffentlich mehr krönenden als ärgerlichen Abschluss präsentiere ich dir nun einen neolateinischen (also neulateinischen) Text aus dem heutigen Schulleben. Du findest die Übersetzung entsprechend moderner Vokabeln am Rand als Hilfe angegeben, unbekannte aber auch bereits in der Antike gebrauchte schlägst du bitte in deinem Wörterbuch nach — viel Erfolg!

Lectio Latina

scholam petere - zur Schule gehen

disciplinae interesse - am Unterricht teilnehmen

pensa domestica - Hausaufgaben

Ad loca! - Setzen!

tabula nigra - Tafel

tergere - wischen
spongia - Schwamm

autocinetum - Auto
libellus - Heft

praeceptor - Lehrer
classis - Klasse

Mane et Marcus et Claudia atque Iulia, quae amicae sunt eius, scholam petunt, quia disciplinae interesse debent. Pueri sero venientes, cum classem adveniant, magistrum non conspiciunt. Postquam Marcus a puellis discessit ad Victorem Clementemque, amicos suos, it et „Salvete amici!", inquit, „Ut valetis?" „Valeo", Victor respondet, sed Clemens, qui ante fenestram stat, dicit se pensa domestica non fecisse; qua de causa non bene valet atque inquietus est. Subito porta a magistro aperitur, simul discipuli discipulaeque tacent, neque vero considunt, itaque praeceptor vocat: „Ad loca!"

Dum ad tabulam nigram it, magna cum voce clamat „Avete!", atque, cum signum dat, discipulam quandam, quae in ordine primo sedet, invitat ad tabulam nigram tergendam spongia data, sed puella, cui sunt capilli flavi, magistrum non intellexit et „Quid dixisti?" rogat. „Interrogas, quid dixerim? Cur mihi non auscultavisti? Dixi te tabulam nigram tergere debere! I!" Tum magister classe exire vult et „properabo ad autocinetum meum ad libellos vestros afferendos, ut pensum corrigere possimus", inquit, „cras penso domestico studebimus." Postquam praeceptor classe exiit, omnes discipuli susurrant, Clemens etiam exsultat, sed Victor morosus murmurat se Caesarem non amare et dicit:

„Caesarem legere molestissimum est, propterea verisimile est eum ideo necatum esse, ne iam scribere posset neve nos miseros discipulos adhuc vexare posset."

Omnes praeter Paulum, qui homo nimis studiosus est, rident, sed is dicit: „Quid hoc sibi vult? C. Iulius Caesar scriptor clarus erat - Bellum Gallicum eius opus bonum est, ut etiam opinio M. Tullii Ciceronis erat!"

homo nimis studiosus - Streber

Tum magister in classem redit et discipulas discipulosque increpat eos hoc modo neque Latinum examen superaturos neque linguam Latinam intellecturos esse et Marcum appellat: „Tuum quoque pensum non bonum est - nonne didicisti?"

Latinum examen - das Latinum
superare - bestehen

„Certe didici, sed per tempus longum aegrotus eram et itaque in usum scholae non discere potui", Marcus respondet; magister iratus autem dicit: „argumentum repetere debes!"

in usum scholae - für die Schule

argumentum repetere - den Stoff nachlernen

Paulus, qui primus classis est, subridet, at magister severus ad eum verba facit: „Pensum tuum quoque non bonum erat - ‚probabile'!" Qua re is valde obstupescit et: „Non fieri potest", inquit , „Nullas adhuc notas accepi nisi optimas!"

probabile - eine 3 (befriedigend)

Magister ridens censet: „Non semper!" Omnes rident, sed Paulus morosus murmurat: „Caesarem odi!"

Resümee

Meinen Glückwunsch!
Da du dieses kleine Lernbuch erfolgreich durchgearbeitet hast, dürfte nun die Lektürephase – ob in einem Kurs oder weiterhin im Selbststudium – folgen. Das bedeutet, du wirst dich mit den Werken der klassischen Schriftsteller (vor allem Caesar und Cicero) beschäftigen.
Auf die Arbeit mit der Lektüre hat dich dieses Buch, gemessen an der kurzen Übungszeit, optimal vorbereitet: du hast alle Grammatikphänomene kennen gelernt, mit denen man sich auch im „normalen" Schulunterricht beschäftigt, verfügst über einen guten Grundwortschatz (bis zur Prüfung bitte permanent wiederholen!), hast dabei jedoch auch geübt, unbekannte Vokabeln schnell im Wörterbuch nachzuschlagen, und du verfügst durch das Lesen der Lektionstexte über eine ordentliche Übersetzungspraxis. Hier noch einmal die Schritte zur (guten) Übersetzung :-)

 # Übersetzungsschritte

1. Zunächst einmal **liest** du dir den **Textabschnitt** (ggf. den gesamten Prüfungstext samt Einleitung) mehrfach in Ruhe durch. Ebenso liest du dir hiernach jeden einzelnen Satz **mehrfach in Ruhe durch**. Am Anfang solltest du **versuchen**, den **Inhalt** – zumindest grob – **zu verstehen**. Dann **schlägst** du **unbekannte Vokabeln nach**.
Kleiner Tipp: Keine Panik, wenn du (fast) nichts verstehst. Atme tief durch, sage dir „Prüfungsangst, verschwinde!" und denke logisch über das Thema nach: Was sagt der Texttitel über den Inhalt aus, was die deutsche Einleitung?

2. Finde **Subjekt** und **Prädikat** und übersetze. Nun hast du bereits das Satzgerüst beisammen.
Kleiner Tipp: Subjekt ist meist ein Nomen (im Nominativ) und das Prädikat eine Verbform in der 3. Person (im Numerus (Sg. oder Pl.) an das Subjekt angeglichen).

3. Halte nun nach **Satzkonstruktionen** (AcI, Abl. abs., Pc) und anderen Kleinigkeiten des Lebens wie den nd-Formen Ausschau.
Kleiner Tipp: Wenn du Partizipien oder Infinitive findest, gilt besondere Aufmerksamkeit den Satzkonstruktionen.

4. **Trenne** einen längeren Satz am besten zur Übersicht, indem du auch Semikola (;) und Konjunktionen wie „et" oder „-que" zur Übersetzungspause nutzt.
Achtung: Bei Aufzählungen gilt das natürlich nicht ;-)

5. **Blocke** nun Satzteile, die unmittelbar zusammengehören (z. B. Präpositionen mit Bezugswörtern).
Kleiner Tipp: Die Präpositionen können dir das Leben erleichtern, wenn du weißt, welchen Kasus sie verlangen. So blickst du besser durch.

Prüfungsangst?

Viele SchülerInnen und StudentInnen leiden unter mehr oder weniger starker Prüfungsangst. Dabei ist Nervosität selbst nicht schlimm, sofern sie dich nicht lähmt oder du den bekannten „Blackout" erlebst. Ist die Prüfung von großer Bedeutung (z. B. für das Weiterstudieren), solltest du dich u. U. von deinem Hausarzt beraten lassen.

Vor der Lektüre

Ich halte es grundsätzlich für sinnvoll, sich vor der eigentlichen Lektüre mit dem Hintergrund des Werkes (Inhalt, historischer Background usw.) und natürlich auch mit der Biographie des Autors (also wahrscheinlich Caesar oder Cicero) näher vertraut zu machen. Außerdem solltest du dir einen entsprechenden Autoren-Lernwortschatz zulegen (Titel hierzu sind in diesem Verlag erschienen), da Auszählungen ergaben, dass du mit wenigen hundert Wörtern im Durchschnitt 80-90 % der Textmenge verstehen kannst!

Ich wünsche dir auf jeden Fall viel Erfolg!
Felix Friedrich

Straße in Pompeji

Musterlösungen

Einleitung
1. Aufgabe (S. 11)
b) kwi, kwa-e, kwod; c) merkator; d) jam; e) kultus; f) kontendere; g) relikwas; h) atkwe; i) pro-elium (-jum); j) Ka-esar

2. Aufgabe (S. 11 f.)
b) Kolonie; c) Natur; d) Provinz; e) Barbar; f) Rom; g) Sizilien; h) Italien; i) Germanien; j) Athen; k) Bestie; l) Elefant; m) Familie; n) Monument; o) Tempel; p) Forum; q) Statue; r) Athlet; s) Pirat; t) Disziplin; u) Philosophie; v) Poet; w) Text; x) Dialog; y) Bibliothek; z) Bibel

1. Lektion
Text 1: Über Rom und Italien (S. 14)
Rom ist eine Stadt. Die Stadt Rom ist in Italien. Italien ist in Europa. Germanien ist auch in Europa. Italien und Germanien sind in Europa. Griechenland ist auch in Europa. Italien, Germanien und Griechenland sind in Europa. Gallien ist auch in Europa. Italien, Germanien, Griechenland und Gallien sind in Europa.
Karthago ist eine Stadt. Die Stadt Karthago ist in Afrika. Karthago ist nicht in Europa. Karthago ist nicht in Europa, sondern in Afrika. Italien aber ist nicht in Afrika. Italien ist in Europa. Wo ist Italien? Italien ist in Europa. Wo sind Germanien und Gallien? Germanien und Gallien sind in Europa. Wo ist Karthago? Karthago ist nicht in Europa, sondern in Afrika.
Was ist Britannien? Britannien ist eine Insel. Was ist Sizilien? Sizilien ist auch eine Insel. Britannien und Sizilien sind Inseln. Wo sind Britannien und Sizilien? Britannien und Sizilien sind in Europa.
Was ist Sparta? Sparta ist eine Kleinstadt. Wo ist Sparta? Sparta ist in Griechenland. Was ist der Rhein? Der Rhein ist ein Fluss. Wo ist der Rhein? Der Rhein ist in Europa.

Text 2: Über die römische Familie (S. 18)
Aurelius ist ein römischer Mann. Cornelia ist eine römische Frau. Marcus ist ein römischer Junge. Quintus ist auch ein römischer Junge. Marcus und Quintus sind römische Jungen. Iulia ist ein römisches Mädchen. Aurelius ist der Vater der Familie. Cornelia ist die Mutter der Familie. Marcus ist der Sohn. Quintus ist auch ein Sohn. Marcus und Quintus sind Söhne. Marcus und Quintus sind die Söhne des Aurelius und der Cornelia. Iulia ist die Tochter. Iulia ist die Tochter des Aurelius und der Cornelia. Gaius ist der Großvater. Gaius ist nämlich der Vater des Aurelius.
Marcus ist der Bruder der Iulia (Iulias Bruder). Auch Quintus ist Iulias Bruder. Iulia ist die Schwester des Marcus und des Quintus. Marcus und Quintus sind die Brüder der Iulia. Marcus, Quintus und Iulia sind die Kinder des Aurelius und der Cornelia.
Aurelius ist der (Haus-)Herr. Cornelia ist die (Haus-)Herrin. Davus ist ein Sklave. Syra ist eine Sklavin. Davus und Syra sind Sklaven des Herrn Aurelius.

Übungen (S. 20)
1. Aufgabe
a) Akk. Pl. von *dominus*; b) Abl. Pl. von *femina*; c) Gen. Sg./Nom. Pl. von *familia*; d) Akk. Sg. von *vir*; e) Nom. Sg. *avus*; f) Nom./Akk. von *castra*.

2. Aufgabe
a) servus: servus, servi, servo; servi, servorum, servis; **b)** serva: serva, servae, serva; servae, servarum, servis; **c)** puer: puer, pueri, puero; pueri, puerorum, pueris; **d)** mater: mater, matris, matre; matres, matrum, matribus; **e)** templum: templum, templi, templo; templa, templorum, templis; **f)** Romanus: (m.) Romanus, Romani, Romano; Romani, Romanorum, Romanis; (f.) Romana, Romanae, Romana; Romanae, Romanarum, Romanis; (n.) Romanum, Romani, Romano; Romana; Romanorum, Romanis.

3. Aufgabe
1. familiae; **2.** Aurelii; **3.** est; **4.** sunt; **5.** filia.

4. Aufgabe
1. Roma in Italia est. **2.** Italia in Europa est. **3.** Ubi est Germania? **4.** Germania quoque in Europa est. **5.** Aurelius dominus est. **6.** Cornelia domina est. **7.** Marcus, Quintus et Iulia liberi sunt. **8.** Quis est Gaius? Gaius avus est.

2. Lektion
Text 3: Über den Herrn und die Sklaven (S. 24)
Der Sklave Davus sieht den Herrn Aurelius. Auch die Sklavin Syra sieht den Herrn. Davus und Syra stehen den Herrn Aurelius. Der Herr Aurelius hat Sklaven und Sklavinnen. Ist Aurelius ein Herr? So ist es. Ist auch Davus ein Herr? Davus ist kein Herr, sondern ein Sklave. Er ist der/ein Sklave des Herrn Aurelius und der Herrin Cornelia. Cornelia ist die Herrin. Ist Iulia (auch) eine Herrin? Dem ist nicht so/Nein. Iulia ist nicht die Herrin, sondern die Tochter und ein römisches Mädchen. Aemilia ist die Freundin der Iulia/Iulias Freundin. Sextus und Publius sind die Freunde des Marcus. Die Freunde kommen. Die Freunde Sextus und Publius laufen zum Landhaus. Auch Aemilia eilt zur Freundin. Marcus sieht (den; wen?) Sextus. Marcus und Quintus sehen Sextus. Auch Publius sehen sie. Marcus und Quintus sehen die Freunde. Ist Marcus ein guter Freund? So ist es/ja. Marcus ist ein guter Freund. Marcus und Sextus sind gute Freunde. Iulia und Aemilia sind gute Freundinnen. Nun kommen die Freunde. Kommt Sextus? Ja. Sextus kommt. Sextus cum mit seinem Freund. Wen hört Cornelia rufen? Cornelia hört Iulia rufen. Wer ruft? Iulia ruft.
Cornelia ist doch sicher die Mutter (*positive Antwort wird erwartet; hier sind viele Übersetzungen korrekt, sofern die Antworterwartung gegeben ist.*)? Ja. Cornelia ist die Mutter der Familie. Aber Iulia ist doch keine Mutter? Genau. Iulia ist nicht die Mutter, sondern die Tochter. Ist Iulia die Tochter oder die Herrin? Iulia ist die Tochter. Ist Davus ein Herr oder ein Sklave? Ein Sklave ist Davus. Davus ist doch gewiss ein Sklave? So ist es. Davus ist ein Sklave. Ist Aurelius ein guter oder ein schlechter Herr? Aurelius ist ein guter Herr. Cornelia ist doch keine Sklavin, oder? Cornelia ist keine Sklavin, sondern eine Herrin. Marcus und Quintus sind doch Brüder, nicht wahr? So ist es. Marcus und Quintus sind Brüder.

Anm.: Wie bereits erwähnt: Die mit „nonne" und „num" gebildeten Fragen sind sehr frei übersetzt. Ähnliche Übersetzungen sind selbstverständlich genauso korrekt, sofern sie den Inhalt durch korrekte Wortwahl im Deutschen sowie den Sinn wiedergeben.

Übungen (S. 26)
1. Aufgabe
a) servus: servus, servi, servum, servo; servi, servorum, servos, servis; **b)** serva: serva, servae, servam, serva; servae, servarum, servas, servis; **c)** puer: puer, pueri, puerum, puero; pueri, puerorum, pueros, pueris; **d)** mater: mater, matris, matrem, matre; matres,

matrum, matres, matribus; **e)** templum: templum, templi, templum, templo; templa, templorum, templa, templis; **f)** Romanus: (m.) Romanus, Romani, Romanum, Romano; Romani, Romanorum, Romanos, Romanis; (f.) Romana, Romanae, Romanam, Romana; Romanae, Romanarum, Romanas, Romanis; (n.) Romanum, Romani, Romanum, Romano; Romana; Romanorum, Romana, Romanis.

2. Aufgabe
a) laudat, laudant; **b)** audit, audiunt; **c)** properat, properant; **d)** monet, monent; **e)** facit, faciunt; **f)** habet, habent.

3. Aufgabe
a) vir Romanus, viri Romani, virum Romanum, viro Romano; viri Romani, virorum Romanorum, viros Romanos, viris Romanis; **b)** femina Romana, feminae Romanae, feminam Romanam, femina Romana; feminae Romanae, feminarum Romanarum, feminas Romanas, feminis Romanis; **c)** servus Graecus, servi Graeci, servum Graecum, servo Graeco; servi Graeci, servorum Graecorum, servos Graecos, servis Graecis; **d)** templum magnum, templi magni, templum magnum, templo magno; templa magna, templorum magnorum, templa magna, templis magnis; **e)** mater bona, matris bonae, matrem bonam, matre bona; matres bonae, matrum bonarum, matres bonas, matribus bonis.

4. Aufgabe
1. amicos; **2.** Quintum amicum; **3.** audit; **4.** servos --- servas.

3. Lektion
Text 4: In der Schule (S. 29)
Der Lehrer Lampriscus unterrichtet die Schüler. Wen unterrichtet der Lehrer? Er unterrichtet die Schüler/Die Schüler unterrichtet er. Der Lehrer unterrichtet nicht nur die Freunde, sondern auch andere Jungen. Die Schüler lernen, denn sie nehmen am Unterricht teil. An wem nehmen sie teil? Sie nehmen am Unterricht teil. Der Lehrer Lampriscus sagt: „Nicht für die Schule, sondern fürs Leben lernt ihr." Die Schüler aber lachen. „Nicht für das Leben, sondern für die Schule lernen wir", rufen sie. Nun ist der Lehrer wütend. Deshalb müssen die Schüler „Nicht für die Schule, sondern für das Leben lernen wir" schreiben.
Dann fragt der Lehrer die Schüler: „Wem gehört dieses Buch?" Quintus antwortet: „Es ist mein Buch." Lampriscus gibt (dem) Quintus das Buch.

Text 5: Über das Landgut des Herrn (S. 31)
Dem Herrn Aurelius ist/gehört ein großes Landgut. Wessen Landgut ist groß? Das Landgut des Herrn Aurelius ist groß. Ist/Gehört auch Herrin Cornelia ein Landgut? Ihr ist/gehört kein Landgut. Dem Herrn Aurelius gehört ein Landgut. Auch gehören dem Herrn Aurelius Sklaven und Sklavinnen.

Text 6: Dialog zwischen/unter Kindern (S. 32)
<u>Marcus:</u> Sei gegrüßt, Claudia!; <u>Claudia:</u> Sei gegrüßt, Marcus!; <u>Marcus:</u> Wie geht es dir?; <u>Claudia:</u> Mir geht es gut. Geht es (auch) dir gut, mein Marcus?; <u>Marcus:</u> Mir geht es auch gut. *Titus nähert sich.* <u>Titus:</u> Seid gegrüßt, Freunde! Wie geht es euch? <u>M und C:</u> Uns geht es gut. <u>Titus:</u> Ich freue mich, dass es euch gut geht. Was macht ihr? <u>Marcus und Claudia:</u> Wir machen nichts. Woher kommst du, Titus? <u>Titus:</u> Ich komme von zu Hause. Seht! Dort kommt Publius. <u>M, C und T:</u> Hallo, Publius! *M, C und T gehen zusammen mit P zum Forum.*

Ubungen (S. 33)
1. Aufgabe + 2. Aufgabe
Vergleiche mit den Tabellen auf S. 41 und 42.

3. Aufgabe
a) vir Romanus, viri Romani, viro Romano, virum Romanum, viro Romano; viri Romani, virorum Romanorum, viris Romanis, viros Romanos, viris Romanis; b) femina Romana, feminae Romanae, feminae Romanae, feminam Romanam, femina Romana; feminae Romanae, feminarum Romanarum, feminis Romanis, feminas Romanas, feminis Romanis; c) servus Graecus, servi Graeci, servo Graeco, servum Graecum, servo Graeco; servi Graeci, servorum Graecorum, servis Graecis, servos Graecos, servis Graecis; d) templum magnum, templi magni, templo magno, templum magnum, templo magno; templa magna, templorum magnorum, templis magnis, templa magna, templis magnis; e) mater bona, matris bonae, matri bonae, matrem bonam, matre bona; matres bonae, matrum bonarum, matribus bonis, matres bonas, matribus bonis.

4. Aufgabe
a) Marcus = Marce! b) Gaius = Gai! c) Titus = Tite! d) Cornelia = Cornelia! e) meus amicus = mi amice! f) discipuli = discipuli!

5. Aufgabe
A8-B8 = **ei**; A8-D8 = **eius**; B2-C2 = **eo**; B2-F6 = **eorum**; B7-C7 = **ea**; B7-D7 = **eam**; E1-F1 = **ea**; E1-G1 = **eae**; F8-G8 = **ii**; F8-H8 = **iis**; G1-G3 = **eum**; G5-H5 = **id**; G8-H8 = **is**; H6-H8 = **eis**; H6-H7 = **ei**; H6-G5 = **ei**; H7-H8 = **is**.

4. Lektion

Text 7: Auf dem Forum Romanum (S. 36)
Endlich kommen Marcus, Claudia, Titus und Publius zum Forum. Hier ist/steht ein Tempel, dort die Kurie/das Rathaus, überall Lärm. Auch Spurius schreit. Spurius ist ein Kaufmann. Spurius, der ein Kaufmann ist, schreit. Aus welchem Grund/Warum schreit er? Er schreit, weil er Waren verkaufen will. Alle Kaufmänner schreien, weil sie ihre Waren verkaufen wollen. Appius ist kein Kaufmann. Appius ist kein Kaufmann, sondern ein Senator. Appius, der ein Senator ist, eilt zum Rathaus. Warum schreit Appius nicht? Er schreit nicht, weil er kein Kaufmann ist. Ist Spurius ein Kaufmann? So ist es. Spurius ist ein Kaufmann, der auf dem Forum seine Waren verkauft.

Text 8: Wer unterrichtet? (S. 39)
Cornelia, die die (Haus-)Herrin ist, unterrichtet die Kinder nicht. Wer unterrichtet die Kinder? Ein griechischer Sklave unterrichtet die Kinder. Was unterrichtet/lehrt er? Er lehrt die griechische Sprache. Viele griechische Sklaven sind die Lehrer der Kinder der Römer, weil sie gelehrt sind. Lehrt auch Cornelia? Cornelia lehrt nicht, weil sie Herrin, nicht Lehrerin ist. Wer ist der Lehrer? Lampriscus ist der Lehrer. Ist Lampriscus ein römischer Mann? Nein/Dem ist nicht so. Lampriscus ist kein römischer, sondern ein griechischer Mann und Sklave des Herrn Aurelius.

Sprichwörtersalat (S. 39)
Wehre den Anfängen! (= *Principiis obsta!*); Wenn du Frieden willst, rüste zum Krieg! (= *Si vis pacem, para bellum!*); Geh mit mir! (= *Vade mecum!*); Nutze den Tag/die Nacht! (= *Carpe diem/noctem!*); Bringe meine Kreise nicht durcheinander! (= *Noli turbare circulos meos!*); Eile mit Weile! (= *Festina lente!*); Hüte dich vor dem Hund! (= *Cave canem!*); Bete und arbeite! (= *Ora et labora!*); Wage es, weise zu sein! (= *Sapere aude!*); Fass mich nicht an! (= *Noli me tangere!*); Merke (dir) gut! (= *Nota bene!*).

Musterlösungen

Übungen (S. 40)
1. Aufgabe

a) mercator = Substantiv; b) vendere = Verb; c) docere = Verb; d) domina = Substantiv; e) suus, -a, -um = Adjektiv; f) esse = (unregelmäßiges) Verb; vergleiche deine Flexionen bitte mit den Formentabellen, danke. :-)

2. Aufgabe

1. Cornelia, quae domina est, liberos non docet. (Relativsatz) 2. Spurius mercator clamat, quod/quia merces suas vendere vult. (Kausalsatz) 3. Spurius mercator est, qui in foro merces suas vendit. (Relativsatz) 4. Cur Appius non clamat? Non clamat, quod/quia mercator non est — senator est. (Kausalsatz)

3. Aufgabe

A7-C7 = quo; A7-F7 = quorum; A7-A4 = quem; C2-E2 = cui; C2-G2 = cuius; E6-G6 = qua; E6-H6 = quae; E6-E8 = quo; F1-F3 = qua; F1-F4 = quam; G4-G6 = qua; G4- G7 = quas; H1-H3 = quo; H1-H4 = quod.

5. Lektion
Text 9: Was ist das Größte? (S. 50)
Bei Tagesanbruch suchen die Freunde, die über das Forum spazieren, den Vater Aurelius, können ihn aber nicht finden. „Wo ist Aurelius?", fragt Claudia die übrigen Jungen. Marcus sagt: „Vielleicht erwartet er uns am/beim Kolosseum." Darauf gehen die Kinder zum Kolosseum. „Seht, Freunde! Überall sind/stehen Tempel und Monumente. Dieser Tempel ist groß", sagt Marcus. „Dieses Gebäude aber", sagt Titus, „ist größer." Publius sagt: „Aber das Kolosseum ist das größte Gebäude." „Der Vesuv ist der größte, Publius, nicht das Kolosseum", sagt die kleine Claudia. Publius antwortet ihr: „Der (Berg) Vesuv ist kein Gebäude, meine Claudia." Alle lachen. Die Kinder, die zum Kolosseum gehen/laufen, sehen den Vater Aurelius schon in der Ferne stehen.
Im Sommer gehen viele Menschen auf das Forum Romanum. Deshalb ist eine Menschenmenge auf dem Forum. Alle (gehen) spazieren, erfreuen sich an Gesprächen und lachen. Den Sklaven ist es nicht erlaubt, über das Forum zu spazieren. Sie müssen arbeiten. Den Sklaven ist es nicht erlaubt, über das Forum zu spazieren, weil sie arbeiten müssen. Denjenigen, die Sklaven sind, ist es nicht erlaubt, über das Forum zu spazieren, weil sie arbeiten müssen. Denjenigen, die Sklavinnen sind, ist es nicht erlaubt, über das Forum zu spazieren, weil sie arbeiten müssen.
Die römischen Bürger arbeiten auch. Warum arbeiten sie? Obwohl sie keine Sklaven sind, müssen sie dennoch arbeiten, da (auch) sie essen wollen.
Nun laufen sowohl die Kinder als auch (der) Herr Aurelius über das Forum. Der Herr Aurelius läuft mit den Kindern über das Forum. Die Kinder sehen einige/wenige Menschen einen großen Tempel betreten/sehen, dass wenige Menschen einen großen Tempel betreten. Überall sind/stehen große Tempel.

Übungen (S. 52)
1. Aufgabe

nobilis, -e; nobilior, -ius; nobilissimus, -a, -um; magnus, -a, -um; maior, -ius; **maximus**, -a, -um; **longe**, longius, longissime; malus, -a, -um; **peior**, -ius; pessimus, -a, -um; fortis, -e, fortior, -ius; **fortissimus**, -a, -um; **bonus**, -a, -um, melior, -ius, optimus, -a, -um; bene, melius, **optime**; potens, entis, potentior, -ius; **potentissimus**, -a, -um; **multi**, -ae, -a, plures, -a, plurimi, -ae, -a; **multum**, plus, plurimum; parvus, -a, -um, **minor**, -us, minimus, -a, -um.

2. Aufgabe
sub vesperum = gegen Abend; prima luce = bei Tagesanbruch; anno MMVI = im Jahre 2006; antiquis temporibus = in alten Zeiten.

3. Aufgabe
1. Liberi per forum ambulant. *2.* Multi homines per forum ambulant. *3.* Aurelius non ambulat, sed stat et liberos exspectat. *4.* Hoc templum magnum est, illud autem maius.

6. Lektion
Text 10: Von den berühmten Männern (S. 55)
In alten Zeiten beherrschten die Römer fast den ganzen Erdkreis (= Erde). Die römischen Soldaten führten mit vielen Stämmen Krieg und gewannen meist. Deshalb war/hatte Hannibal, einem karthagischen Feldherrn, großer/-en Hass. Aus diesem Grund trug dieser Mann von großer Tapferkeit oft Kämpfe mit den Römern aus.
Auch Gaius Iulius Caesar und Marcus Tullius Cicero waren Männer von großem Talent.
C. (= Gaius vom ursprünglichen Caius; das „G" ist gewissermaßen ein „C" mit Haken) Iulius Caesar, der Konsul war, führte gegen die Gallier Krieg. Über diesen Krieg schrieb er Kommentarien/Kommentarschriften: Über den Gallischen Krieg.
Marcus Tullius Cicero war ein sehr berühmter Redner, dessen Reden gegen Verres und Catilina sogar heute (noch) Schüler und Schülerinnen lesen.

Text 11: Über den Staat/die Republik (S. 57)
In alten Zeiten regierte nicht das Volk, sondern der Adel die Stadt Rom und errichtete die Republik. Die Konsuln, die sich in der Politik auskannten, standen an der Spitze des Staates. Sie hatten allerdings nicht lange die Führung im Staat inne: für ungefähr 350 Tage — d. h. ein Jahr — verwalteten sie diesen (= den Staat).

Text 12: Im Hafen (S. 58)
Heute laufen die Freunde zum Hafen. Viele Schiffe liegen vor Anker. Dort ist/liegt ein Lastschiff, aus dem einige/wenige Menschen (heraus-)gehen. Andere Menschen, die Kaufmänner sind, gehen zu diesem Schiff. Im Hafen sind keine Kriegsschiffe, denn die römischen Heere führen Krieg. Die Freunde sehen, dass ein Mann einen/den Anker lichtet. Das Schiff verlässt den Hafen.

Übungen (S. 58)
1. Aufgabe
eratis (Imperfekt von *esse*) = estis; **facit** (Präsens von *facere*) = faciebat; **dicebamus** (Imperfekt von *dicere*) = dicimus; **habeo** (Präsens von *habere*) = habebam; **accipis** = Präsens von *accipere*) = accipiebas; **petebant** (Imperfekt von *petere*) = petunt.

2. Aufgabe
a) res, rei, rei, rem, re; res, rerum, rebus, res, rebus; **b)** res publica, rei publicae, rei publicae, rem publicam, re publica; res publicae, rerum publicarum, rebus publicis, res publicas, rebus publicis; **c)** dies constituta, diei constitutae, diei constitutae, diem constitutam, die constituta; dies constitutae, dierum constitutarum, diebus constitutis, dies constitutas, diebus constitutis; **d)** acies, aciei, aciei, aciem, acie; acies, acierum, aciebus, acies, aciebus; **e)** senatus, senatus, senatui, senatum, senatu; senatus, senatuum, senatibus, senatus, senatibus; **f)** Nun, ich hoffe, du nimmst es mir nicht übel, dass ich dich auf die Endungen der o- und u-Deklinationen verweise ;-) >>> *senatus* (u-Dekl.), *populus* und *Romanus* (o-Dekl.).

3. Aufgabe
res publica = Staat; **res militaris** = Kriegswesen; **res gestae** = Taten; **novis rebus studere** = nach Umsturz streben; **ob eam rem** = deshalb.

Musterlösungen

7. Lektion
Text 13: Am Anfang... 1 (S. 61)
Am Anfang erschuf Gott (den) Himmel und (die) Erde. Die Erde aber war (wüst und) leer. Deshalb sagte Gott: „Es werde Licht" und es wurde Licht. Dann sah Gott, dass das Licht gut war und teilte Licht und Schatten. Er nannte das Licht „Tag" und die Finsternis „Nacht". Abend und Morgen waren gemacht. Gott machte/erschuf auch das Firmament und teilte die Gewässer, die unter dem Firmament waren von denen, die über dem Firmament waren. Dieses Firmament nannte er „Himmel".

Text 14: Am Anfang... 2 (S. 61)
Am Anfang war das Wort und das Wort war bei Gott und Gott war das Wort. Dieses war am Anfang bei Gott. Alles/Alle Dinge sind durch dieses (selbst) gemacht und ohne dieses ist nichts gemacht, was gemacht ist. In ihm war (das) Leben und das Leben war das Licht der Menschen. Und das Licht leuchtet in der Finsternis/in den Schatten und die Finsternis kann es (gemeint ist das Licht) nicht fassen. Es wurde ein Mann von Gott geschickt/gesandt, dem der Name Johannes war/dessen Name Johannes war/der Johannes hieß.

Übungen (S. 62)
1. Aufgabe
a) *habuerat* = 3. Per. Sg. Plusquamperfekt von *habere* (Präsens: *habet*; Imperfekt: *habebat*; Perfekt: *habuit*); b) *fecerunt* = 3. Per. Pl. Perfekt von *facere* (Präsens: *faciunt*; Imperfekt: *faciebant*; Plusquamperfekt: *fecerant*); c) *dixi* = 1. Per. Sg. Perfekt von *dicere* (Präsens: *dico*; Imperfekt: *dicebam*; Plusquamperfekt: *dixeram*); d) *egeras* = 2. Per. Sg. Plusquamperfekt von *agere* (Präsens: *agis*; Imperfekt: *agebas*; Perfekt: *egisti*); e) *petivimus* = 1. Per. Pl. Perfekt von *petere* (Präsens: *petimus*; Imperfekt: *petebamus*; Plusquamperfekt: *petiveramus*); f) *viderant* = 3. Per. Pl. Plusquamperfekt von *videre* (Präsens: *vident*; Imperfekt: *videbant*; Perfekt: *viderunt*).

2. Aufgabe
a) *diebus* von *dies*, e-Dekl./5. Dekl.; b) *amicas* von *amica*, a-Dekl./ 1. Dekl.; c) *omnium* von *omnis*, i-Dekl./3. Dekl.; d) *castra* von *castra*, o-Dekl./2. Dekl.; e) *turri* von *turris*, i-Dekl./3. Dekl.; f) *senatores* von *senator*, kons. Dekl./3. Dekl.

3. Aufgabe
A8-F8 = fueram; A8-H8 = fueramus; A8-A3 = fuisti; A8-A6 = fui; A1-C1 = est; D3-F3 = sum; E4-A4 = erant; D2-D3 = es; D2-G2 = eras; H8-F8 = sum; H8-H5 = sunt; E5-H5 = fuit

8. Lektion
Text 15: Über die Götter (S. 65)
Es steht fest, dass die Römer viele Götter verehren/anbeten. Jupiter aber verehren sie am meisten. Die Germanen beten den Gott Merkur am meisten an: seiner (im Deutschen besser: von ihm) besitzen sie die meisten Götterbilder, ihn halten sie für den Erfinder aller Künste, für den Führer auf allen Straßen und Reisen; sie glauben (außerdem), dass er den größten Einfluss auf den Gelderwerb und den Handel hat.
Nach Merkur verehren sie (= die Germanen) Apoll(o), Mars, Jupiter und Minerva. Von ihnen glauben sie ungefähr dasselbe wie die anderen Stämme. Sie glauben nämlich, dass Apollo die Krankheiten vertreibt, dass Minerva die Anfänge von Handwerk und Kunst lehrt/weitergibt, Jupiter das Himmelsreich hält und Mars die Kriege lenkt.

Übungssätze: AcI (S. 65)

1. Ich höre meine/die Schwester singen. **2.** Ich befehle, dass du kommst. **3.** Es ziemt sich, dass du gehorchst. **4.** Man meint, dass du arbeitest. **5.** Ich sehe, dass ein Junge bestraft wird. **6.** Ich will, dass du/ich der Erste bist/bin. **7.** Das Mädchen sieht den Vater kommen/sieht, dass der Vater kommt. **8.** Es steht fest, dass Marcus Tullius Cicero ein Mann von großem Talent war. **9.** Caesar wusste, dass sich die gallischen Stämme in Sprache, Sitten und Gesetzen unterscheiden.

Übungen (S. 67)

1. Aufgabe

1. Lucius Claudiam clamare audit. **2.** Publius dicit Sextum amicos ad cenam invitare. ODER Publius Sextum amicos ad cenam invitare dicit. **3.** Senator putat populum Romanum spem maximam senatoribus habere. **4.** Antiquis temporibus Romanos multa bella gessisse constat.

2. Aufgabe

Vergleiche die Endungen mit denen auf den Seiten 42 und 43.

Wiederholung 5-8

Übungssätze: AcI (S. 68)

1. Es steht fest, dass der Konsul Cicero die Republik/den Staat rettete. **2.** Es steht fest, dass Catilina eine Verschwörung anzettelte. **3.** Es ist bekannt, dass die Helvetier, ein gallischer Stamm, die (Klein-)Städte der (Grenz-)Nachbarn eroberte.

Übungssätze: Steigerung (S. 68)

1. Wir lernen gerne/lieber von einem klügeren Menschen. **2.** Gute Beispiele sind nützlicher als Worte. **3.** Viele Menschen leben/wohnen in Dörfern, mehr (noch) in Kleinstädten, die meisten aber in Großstädten. **4.** Diejenigen stehen an der Spitze unseres Staates/unserer Republik, die am besten geeignet sind.

is, ille, hic (S. 69)

1. huic; **2.** illius; **3.** eorum; **4.** illis; **5.** eius; **6.** hunc; **7.** has; **8.** haec; **9.** illarum; **10.** eam; **11.** his; **12.** ea; **13.** harum. Lösung: C. (= Gaius) Iulius Caesar.

Überall Präpositionen (S. 70)

ab initio = von Anfang an; *ab urbe condita* = von der Gründung der Stadt (Rom) an; *ad absurdum* = bis ins Sinnlose; *ad acta* = zu den Akten; *ad hoc* = zu diesem (Zweck); *ad libitum* = nach Belieben; *ad multos annos* = auf viele Jahre; *ad oculos* = vor Augen; *ad rem* = zur Sache; *conditio sine qua non* = Bedingung, ohne die etw. nicht geht; *cum grano salis* = mit einem Körnchen Salz; *de facto* = in der Tat; tatsächlich *de mortuis nil nisi bene* = über die Toten nichts als Gutes; *deus ex machina* = der Gott aus der Maschine; *ex oriente lux* = aus dem Osten (kommt) das Licht; *Hannibal ad portas* = Hannibal vor den Toren; *in dubio pro reo* = im Zweifel für den Angeklagten; *in flagranti* = auf frischer Tat; *lupus in fabula* = der Wolf in der Geschichte/Fabel *in medias res* = mitten in die Dinge (hinein); *in memoriam* = in Erinnerung (an) *in nomine patris et filii et spiritus sancti* = im Namen des Vaters und des Sohnes und des Heiligen Geistes; *in puncto* = im Punkte; in Betreff; *in spe* = in der Hoffnung (auf); *in statu quo* = im aktuellen/gegenwärtigen Zustand; *in vino veritas* = im Wein liegt (die) Wahrheit; *pars pro toto* = (der) Teil für das Ganze; *per se* = für sich; *per aspera ad astra* = über »rauhe Wege« zu den Sternen; *post scriptum* = nach der Schrift; Nachschrift.

9. Lektion

Übungssätze: nd-Formen (S. 73)

1. Die Bürger kamen zur Schätzung zusammen. **2.** Irren ist menschlich. Begehren und Irren sind menschlich/menschliche Eigenschaften. **3.** Die Kunst, den Staat klug/weise zu regieren/lenken, ist schwierig. **4.** Diejenigen, die zum Wachen nicht geeignet sind, schlafen. **5.** Die Schüler (be-)klagen, dass sie nicht bereit sind zu lernen. **6.** Des Lehrens wegen hilft der Junge seiner Schwester beim Schreiben griechischer Buchstaben. **7.** Der Fleiß der Sklavinnen und Sklaven ist zu loben/muss gelobt werden. **8.** Ich gebe euch zu lesende Bücher/Bücher, die gelesen werden müssen. **9.** Der (An-)Führer hielt zur Vollendung dieser Sachen/Dinge einen Zeitraum von zwei Jahren für ausreichend. **10.** Wir müssen Frieden anstreben. **11.** Dort gab es für uns die Gelegenheit der Unterredung. **12.** Durch das Lehren lernen wir. **13.** Ich bin bereit zu hören/sehen/lernen. **14.** Die römischen Legionen bekräftigten, dass sie bereit sind Krieg zu führen. **15.** Wir alle müssen sterben.

Guter Schlusssatz, nicht wahr? ;-) Wenn du Satz 6 fehlerfrei übersetzt hast, bist du zu beglückwünschen, da er eine besonders gute Satzübersicht verlangte; ansonsten: Kopf hoch! Übung macht bekanntlich den Meister :-)

Übung (S. 74)
a) 263; **b)** 14; **c)** 23; **d)** 32; **e)** 368; **f)** 58; **g)** 877.

Übung (S. 75)
a) Singular: vir laudandus, viri laudandi, viro laudando, virum laudandum, viro laudando; Plural: viri laudandi, virorum laudandorum, viris laudandis, viros laudandos, viris laudandis.
b) Singular: femina amanda, feminae amandae, feminae amandae, feminam amandam, femina amanda; Plural: feminae amandae, feminarum amandarum, feminis amandis, feminas amandas, feminis amandis.
c) Singular: templum custodiendum, templi custodiendi, templo custodiendo, templum custodiendum, templo custodiendo; Plural: templa custodienda, templorum custodiendorum, templis custodiendis, templa custodienda, templis custodiendis.

10. Lektion

Text 16: Über den Staat (S. 78)
Beim Historiker und Schriftsteller Tacitus lesen wir, dass die Stadt Rom von Beginn (an) Könige, keine Konsuln oder Kaiser, hatte. Danach errichtete Lucius Brutus die Freiheit und das Konsulat in Rom.

Text 17: Beim Weissager (S. 78)
Während sie durch die Straßen spazieren, sehen Marcus und Sextus einen alten Mann, der Zukünftiges/künftige Geschehnisse voraussagt. Die Jungen gehen zu ihm und grüßen: „Sei gegrüßt, alter Mann! Kannst du uns etwas voraussagen?" „Was wollt ihr wissen, Knaben?", antwortet der Greis. Marcus fragt ihn: „Ich werde doch sicher Konsul und Befehlshaber über den ganzen Erdkreis werden, nicht wahr?" Da antwortet der alte Mann: „(Sicher) Wirst du Konsul und Befehlshaber über den gesamten Erdkreis." Marcus staunt: „O, ich Glücklicher/Glückspilz!" Sextus aber lacht. „Und du, Junge? Was wünschst du zu sehen?", fragt der Greis Sextus. „Aber ich werde doch bestimmt nicht Konsul und Befehlshaber über den ganzen Erdkreis?" „Du wirst nicht Feldherr und Konsul sein, wie mir das Orakel anzeigt." „Gut", sagt Sextus und lacht. Dann bedanken sich die Jungen und verlassen die Hütte des Alten.

Nun lesen die Kinder an der Wand diesen/folgenden Satz: „Du erhältst/erfährst//Ihr erhaltet/erfahrt die Wahrheit nicht umsonst/gratis, doch günstig/zu einem geringen Preis." Deshalb betreten die Jungen wiederum die Hütte und geben dem alten Mann eine Münze. „Sag uns unsere Zukunft, bitte." Marcus: „Werde ich Konsul oder Feldherr?" Der alte Mann schweigt kurz, dann antwortet er: „Du wirst weder Konsul noch Feldherr werden. Du wirst mit Eseln über die Äcker wandern/spazieren, wenn du nicht gut lernst. Dies zeigt mir das Orakel (an)." Sextus ruft mit lauter Stimme/laut „Bravo!" und lacht.

Übungen (S. 80)
1. Aufgabe
Futur I
audire: audiam, audies, audiet, audiemus, audietis, audient.
clamare: clamabo, clamabis, clamabit, clamabimus, clamabitus, clamabunt.
ridere: ridebo, ridebis, ridebit, ridebimus, ridebitis, ridebunt.
facere: faciam, facies, faciet, faciemus, facietis, facient.
agere: agam, ages, aget, agemus, agetis, agent.

Futur II
audire: audivero, audiveris, audiverit, audiverimus, audiveritis, audiverint.
clamare: clamavero, clamaveris, clamaverit, clamaverimus, clamaveritis, clamaverint.
ridere: risero, riseris, riserit, riserimus, riseritis, riserint.
facere: fecero, feceris, fecerit, fecerimus, feceritis, fecerint.
agere: egero, egeris, egerit, egerimus, egeritis, egerint.

2. Aufgabe
1. sum, eram, fui, fueram; **2.** audiunt, audiebant, audiverunt, audiverant; **3.** facis, faciebas, fecisti, feceras; **4.** agitis, agebatis, egistis, egeratis; **5.** taceo, tacebam, tacui, tacueram; **6.** amas, amabas, amavisti, amaveras; **7.** facio, faciebam, feci, feceram.

11. Lektion
Übungssätze: Passiv (S. 84)
1. Die Kinder der Römer wurden von griechischen Sklaven unterrichtet. **2.** Gallien wird in drei Teile geteilt. **3.** Die römischen Soldaten sind von den Senatoren gelobt worden.
4. Ein Barbar bin ich hier, weil ich von niemandem verstanden werde. **5.** In der Frühe/ Morgens werden die Gegner aus der (Klein-)Stadt vertrieben. **6.** Abends wurde das Lager errichtet/aufgestellt. **7.** Die Statuen der Göttinnen und Götter sind von den Einwohnern mit Kronen verziert/geschmückt worden. **8.** Den römischen Feldherrn wurden Ehren zuteil.

Aufgaben:
Passivformen: **1.** docebantur; **2.** dividitur; **3.** laudati sunt; **4.** intellegor; **5.** expelluntur; **6.** collocabantur; **7.** ornatae sunt; **8.** tribuebantur.
Andere Vergangenheitstempora: **1.** docebantur (Imperfekt); docti/ae/a sunt (Perfekt); docti/ae/a erant (Plusquamperfekt); **2.** dividitur (Präsens); dividebatur (Imperfekt); divisus/a/um est (Perfekt); divisus/a/um erat (Plusquamperfekt); **3.** laudati sunt (Perfekt); laudebantur (Imperfekt); laudati/ae/a erant (Plusquamperfekt); **4.** intellegor (Präsens); intellegebar (Imperfekt); intellectus/a/um sum (Perfekt); intellectus/a/um eram (Plusq.); **5.** expelluntur (Präsens); expellebantur (Imperfekt); epulsi/ae/a sunt (Perfekt); pulsi/ae/a erant (Plusquamperfekt); **6.** collocabantur (Imperfekt); collocati/ae/a sunt (Perfekt); collocati/ae/a erant (Plusquamperfekt); **7.** ornatae sunt (Perfekt); ornabantur (Imperfekt); ornati/ae/a erant (Plusquamperfekt); **8.** tribuebantur (Imperfekt); tributi/ae/a sunt (Perfekt); tributi/ae/a erant (Plusquamperfekt).

Übungen (S. 87)
1. Aufgabe
1. laudant, laudabant, laudaverunt, laudaverant; **2.** capimur, capiebamur, capti sumus/
eramus; **3.** moneor, monebar, monitus sum/eram; **4.** agit, agebat, egit, egerat;
5. ridemini, ridebamini, risi estis/eratis; **6.** clamantur, clamabantur, clamati sunt/erant;
7. rideo, ridebam, risi, riseram; **8.** audimini, audiebamini, auditi estis/eratis; **9.** capimini,
capiebamini, capti estis/eratis; **10.** audit, audiebat, audivit, audiverat, **11.** amaris,
amabaris, amatus es/eras; **12.** agis, agebas, egisti, egeras; **13.** amatur, amabatur, amata
est/erat; **14.** audimus, audiebamus, audivimus, audiveramus; **15.** vident, videbant,
viderunt, viderant.

2. Aufgabe
a) Puer a magistro **laudatur**; **b)** Senatores a multitudine hominum **exspectantur**.

12. Lektion
Übungssätze: Deponentien (S. 90)
1. Publius spricht verschiedene Sprachen gut. **2.** Latein aber sprechen Decimus und Quintus
besser. **3.** Sprichst du Latein, mein Freund? **4.** Was machst du? Ich versuche, Gladiatoren
zu sehen. **5.** Wir wagen nicht, was ihr gewagt habt. **6.** Viele Menschen klagen immer über
ihr Schicksal. **7.** Wenn du schweigst, mein Freund, (so) scheinst du zuzustimmen. **8.** Alle
Jungen bewundern dieses Mädchen.

Die Deponentien sind: **1.-3.** loqui; **4.** conari; **5.** audere; **6.** queri; **7.** assentiri; **8.** admirari.

Übung (S. 91)
1. Aufgabe
a) loquitur = Deponens; **b)** auditur = norm. Verb; **c)** conatus est = Deponens; **d)** arbitror =
Deponens; **e)** capimini = norm. Verb.

Wiederholung 9-12
Martial: Epigramme (S. 92)
1. Thais hat schwarze, Laecania (hingegen) weiße Zähne.
      Was ist der Grund? Letztere (gemeint: Laecania) hat gekaufte (Zähne),
      jene/erstere (gemeint: Thais) ihre eigenen.
Aufgaben: **1.** quae = Nom. Sg. von quae f., in KNG-Kongruenz zu ratio f.
      2. Bezug auf dentes. suas wäre f., dens ist aber m. **3.** haec ist die zuletzt
      genannte Person, hier also Laecania, illa die zuerst genannte, also Thais.
2. Quintus liebt Thais. Welche Thais? Die einäugige Thais.
      Ein Auge hat Thais nicht/fehlt Thais, jenem zwei/beide.
Aufgaben: **1.** Quintus liebt Thais. **2.** Thais fehlt ein Auge. **3.** Martial meint spöttisch,
      Quintus sei »blind vor Liebe«.
3. Neulich war er (noch) Arzt, nun ist Diaulus ein Leichenträger.
      Was der Leichenträger tut, tat auch der Arzt.
Aufgaben: **1.** fecerat = 3. Per. Sg. Plusquamperfekt Ind. Akt. **2.** et = auch. **3.** Martial hält
Diaulus für einen miserablen Arzt, welcher durch seine Unfähigkeit schon viele Leben
beendet hat.

Deponentien-Boustrophedon (S. 93)
1. conamur; **2.** ratus es; **3.** sequuntur; **4.** regressa sum; **5.** morieris; **6.** secutus eram;
7. mirabor; Lösung: Quirinus.

Komposita (S. 94)

esse = sein; **abesse** = abwesend sein, fehlen; **adesse** = anwesend sein; **deesse** = fehlen, mangeln; **inesse** = in/auf etw. sein; **interesse** = teilnehmen, dazwischen liegen; **praeesse** = an der Spitze stehen; **superesse** = übrig sein; **prodesse** = nützlich sein, nutzen; **posse** = können.

ferre = tragen; **afferre** = herbeitragen; **auferre** = wegtragen; **conferre** = zusammentragen; **deferre** = weg-, herabtragen; **differre** = auseinander tragen; **efferre** = hinaustragen; **inferre** = hineintragen; **offerre** = entgegentragen; **perferre** = (an ein Ziel) tragen; **proferre** = (her-)vortragen; **referre** = zurücktragen, -bringen; **transferre** = hinübertragen.

mittere = schicken, lassen; **amittere** = wegschicken; **committere** = begehen, vertrauen; **emittere** = wegschicken; **intermittere** = dazwischentreten lassen; **omittere** = fallen lassen; **permittere** = hinkommen lassen; **praemittere** = vorausschicken; **remittere** = zurückschicken.

venire = kommen; **advenire** = ankommen; **circumvenire** = umzingeln; **convenire** = zusammenkommen; **evenire** = enden; **invenire** = finden; **pervenire** = gelangen, ankommen; **subvenire** = zu Hilfe kommen.

Nochmals hic, haec, hoc (S. 95)

S (huius sermonis), V (hoc spatium), U (hac luce), E (hi fratres), N (haec scelera): <u>VENUS</u>.

13. Lektion

Übungssätze: Participium coniunctum (S. 98)

1. Die im Kampf besiegten Feinde schickten Gesandte zu Caesar./Nachdem die Feinde im Kampf besiegt worden waren, schickten sie Gesandte zu Caesar./Weil die Feinde im Kampf besiegt worden waren, schickten sie Gesandte zu Caesar. 2. (wörtl.) Dem das Konsulat anstrebenden Catilina war große Hoffnung./Catilina, der das Konsulat anstrebte, war hoffnungsvoll. 3. Die vom Heer aus ihrem Vaterland vertriebene Dido gründete eine Stadt in Afrika. 4. Der von Schmerz gequälte Junge gehorchte dem Vater.

Übungssätze: Ablativus absolutus (S. 99)

1. Nachdem alle Bürger zusammengerufen worden waren, hielt der Volkstribun eine Rede.
2. Nachdem Troja zerstört worden war, segelten die Griechen in ihre/die Heimat (zurück).
3. Nachdem der Kampf jenseits des Rheins gemeldet worden war, begannen die Einwohner, die zum Ufer des Rheins gekommen waren, nach Hause zurückzukehren.
4. Unter dem Oberbefehl des Hannibal wurden viele Kriege geführt.

Übungssätze: Partizipien (S. 101)

1. Sie schlafen sehend. 2. Viele blühende/florierende Städte sind zerstört worden.
3. Wir (be-)grüßen die (herbei-)kommende Freundin. 4. Nachdem Rom besiegt worden war, besiegte es später (selbst) Karthago. 5. Ihr sollt die gehörten Worte in Erinnerung behalten! 6. Die Schüler sehen und hören den Lehrer/Lehrenden lehren/unterrichten.
7. Der von Cicero angeklagte Catilina verließ die Stadt (Rom). 8. Die Griechen steckten das nach vielen Jahren eroberte Troja in Brand. 9. Nachdem er (seine) Rede gehalten hatte, verließ der Feldherr das Lager.

Musterlösungen

Übungen (S. 103)

1. Aufgabe

1. Pc: Orgetorix zettelte, durch Herrschaftsgier veranlasst, eine Verschwörung des Adels an./Der durch Herrschaftsgier getriebene/veranlasste Orgetorix zettelte eine Verschwörung des Adels an. **2.** Abl. abs.: Nachdem/Weil der Kampf beendet worden war, kehrte Caesar nach Rom zurück. **3.** Abl. abs.: Nachdem/Weil der Germanenkrieg beendet worden war, beschloss Caesar aus vielen/vielerlei Gründen, den Rhein zu überqueren. **4.** Pc: Nachdem/Weil die Feinde im Kampf besiegt worden waren, schickten sie Gesandte wegen des Friedens zu Caesar.

2. Aufgabe

Vergleiche bitte mit den entsprechenden Deklinationskapiteln, danke. :-)

14. Lektion

Übungssätze: Konjunktiv (S. 107)

1. Das Weib hat in der Kirche zu schweigen. **2.** Wenn du schweigst, (so) bleibst du (ein) Philosoph. Wenn du schweigen würdest, würdest du ein Philosoph bleiben. Wenn du geschwiegen hättest, wärest du ein Philosoph geblieben. **3.** Also lasst uns fröhlich sein, solange wir noch junge Leute sind. **4.** Es soll auch die andere Seite gehört/vernommen werden. **5.** Es werde Licht! **6.** Er/Sie/Es lebe, wachse, blühe! **7.** Er/Sie ruhe in Frieden.

Das Vaterunser (S. 107)

Vater unser, der du bist im Himmel, | geheiligt werde dein Name. | Dein Reich komme. Dein Wille geschehe, | wie im Himmel auch auf Erden. | Unser tägliches Brot gib uns heute. | Und vergib uns unsere Schuld, | wie auch wir vergeben unseren Schuldigern. Und führe uns nicht in Versuchung, | sondern erlöse uns von dem Bösen.

Gaudeamus igitur (S. 108)

Lasst uns also fröhlich sein,
solange wir noch junge Leute sind;
nach angenehmer Jugend,
nach beschwerlichem Alter,
wird uns die Erde haben,
wird uns die Erde haben.

Wo sind (all) die, die vor uns
auf der Welt gewesen sind?
Geht (hinauf) gen Himmel
fahrt (hinab) gen Hölle,
wo sie schon waren,
wo sie schon waren.

Unser Leben ist kurz,
bald/in Kürze wird es vorüber sein;
es kommt der Tod schnell,
rafft uns (schnell) dahin;
niemand wird verschont werden,
niemand wird verschont werden.

Es lebe (hoch) die Akademie,
es leben (hoch) die Professoren,
es lebe jedes (einzelne) Mitglied,
es leben alle Mitglieder;
Mögen sie ewig in Blüte stehen,
mögen sie ewig in Blüte stehen.

Es lebe auch die Republik,
und wer diese regiert,
es lebe unsere Stadt
(und) die Fürsorge der Mäzene,
die uns hier beschützt.

Es leben alle Mädchen/Jungfrauen,
die leichten, die hübschen,
es leben auch die Frauen,
die zarten, liebenswerten,
die guten und fleißigen.

Nieder mit der Traurigkeit,
nieder mit den Hassern,
nieder mit dem Teufel,
mit jedem Feind der Burschen
und mit allen Spöttern.

Übung (S. 109): Vergleiche bitte mit den Tabellen der Seiten 105 und 106.

15. Lektion
Übungssätze: Konjunktionen (S. 112)
1. Niemand ist so klug, dass er alles weiß. **2.** Wir müssen essen, um zu leben/damit wir leben. **3.** Als Caesar nach Gallien kam, gab es dort zwei Parteien. **4.** Weil du in der lateinischen Sprache kundig bist, kannst du mir helfen. **5.** Ich wünsche, dass du kommst. **6.** Ich gebe, damit du gibst. **7.** Orgetorix überredet den Sequaner Casticus, dass er die Herrschaft in seinem Stamm übernimmt. **8.** Caesar eilte, nachdem ihm dies berichtet worden war, in die Provinz.

Übungen (S. 114)
1./2. Aufgabe
s. S. 111/109

16. Lektion
Übungssätze: Indirekte Rede/Supin/Varia (S. 117)
1. Diese Sache ist schwer zu sagen. **2.** Caesar schickte Gesandte, um Hilfe zu erbitten. **3.** Ein gallischer Mann antwortete, dass er früher als das römische Volk nach Gallien kam. **4.** Lasst uns zum Waschen gehen. **5.** Der Vater fragte die Kinder, warum sie zum/auf das Forum gegangen seien. **6.** Als sie sich den Befestigungen/Mauern der Römer näherten, baten die Gallier weinend/unter Tränen, dass die Römer sie mit Nahrung unterstützen. **7.** Es gab insgesamt zwei Wege, auf denen sie die Heimat verlassen konnten. **8.** Du machst nichts, weißt nichts, was ich nicht höre. **9.** Es gibt niemanden, Catilina, der dich nicht fürchtet. **10.** Wir wissen, dass wir nicht für das Leben, sondern für die Schule lernen.

In taberna quando sumus (S. 120/121)

Wenn wir in der Kneipe sind,
kümmern wir uns nicht darum, was sein wird,
sondern eilen zum Spiel,
bei dem wir immer schwitzen.
Was da in der Kneipe vor sich geht,
wo die Münze der Mundschenk ist,
es ist nötig, dass du fragst,
aber was ich (nun) sage, soll man hören!

Einige spielen, einige trinken,
einige leben liederlich;
aber wer beim Spiel verweilt,
von denen werden einige (des Geldes)
                beraubt/ausgezogen,
einige werden dort (neu) eingekleidet,
einige werden in Säcke gehüllt/gekleidet.
Dort fürchtet keiner den Tod,
sondern wählt für Bacchus das Los.

Zuerst für die Zeche des Weins,
danach trinken die Freigelassenen,
einmal trinken sie für die Gefangenen,
danach trinken sie dreimal für die Lebenden,
viermal für alle Christen,
fünfmal für die verstorbenen Gläubigen,
sechsmal für die »leichten« (Glaubens-)
                Schwestern,
siebenmal für die Raubritter.

Achtmal für die schlechten Brüder,
neunmal für die falschen Mönche,
zehnmal für die Seeleute,
elfmal für die Uneinigen,
zwölfmal für die (Be-)Reuenden,
dreizehnmal für die Reisenden.
Wie für den Papst, so auch für den König,
trinken alle ohne Richtschnur.

Es trinkt die Frau, es trinkt der Herr,
es trinkt der Soldat, es trinkt der Klerus,
es trinkt jener, es trinkt jene,
es trinkt der Knecht mit der Magd,
es trinkt der Schnelle, es trinkt der Faule,
es trinkt der Weiße, es trinkt der Schwarze,
es trinkt der Beständige, es trinkt der Weise.

Es trinkt der Arme und der Kranke,
es trinkt der Verbannte und Unbekannte,
es trinkt der Junge und der Alte,
es trinkt der Bischof und der Dekan,
es trinkt die Schwester, es trinkt der Bruder,
es trinkt die Alte, es trinkt die Mutter,
es trinkt die da und jener,
es trinken hundert, es trinken tausend.

velle & Co. (S. 122)
1. vis; **2.** volo; **3.** velim; **4.** volvit; **5.** volumus; **6.** velint; **7.** volet; **8.** vult; **9.** vir; **10.** vi.

17. Lektion

Nepos-Text (S. 125)

Wenn es wahr ist, was niemand bezweifelt, dass das römische Volk alle Völker/Stämme an Tapferkeit/Tugend übertrifft, so ist es nicht zu leugnen, dass Hannibal die übrigen Feldherrn so sehr an Klugheit übertrifft, wie das römische Volk alle (anderen) Nationen an Tapferkeit/Unerschrockenheit. Denn sooft er auch mit diesem in Italien zusammenstieß, ging er stets als Sieger hervor. Und wenn er nicht vom Neid seiner Landsleute geschwächt worden wäre, scheint es, als hätte er die Römer bezwingen können. Doch der Neid/die Eifersucht vieler siegte über einen Tapferen.

Er aber bewahrte sich wie durch eine Erbschaft den hinterlassenen väterlichen Hass gegen die Römer so, dass er früher seine Seele als diesen ablegte und der, als er aus der Heimat/ dem Vaterland vertrieben worden war und fremder Mittel bedurfte, niemals davon abließ, im Geiste mit den Römern zu kriegen/Krieg zu führen.

(S. 126) An der Rhône war er mit Publius Cornelius Scipio zusammengestoßen und hatte ihn vertrieben. Mit demselben kämpfte er bei Clastidium beim Po entscheidend und als Verwundeten schlug er ihn von dort in die Flucht. Derselbe Scipio stand ihm zum dritten Mal mit dessen Kollegen Tiberius Longus an der Trebia als Feind gegenüber. Mit ihnen kam es zum Kampf und er überwältigte beide. Von dort zog er durch das Gebiet der Liguerer über den Appennin und strebte Etrurien an. Auf diesem Marsch wurde er von einer schweren Augenkrankheit befallen, so dass er später sein rechtes nicht mehr gleich gut benutzen konnte. Obwohl er auch damals durch seine Krankheit behindert und auf einer Tragbahre getragen wurde, tötete er den beim Trasumener See mit seinem Heer durch einen Hinterhalt umzingelten Gaius Flaminius, und wenig später auch den Prätor Gaius Centenius, der mit einer ausgesuchten Schar die Pässe besetzt hielt. Von hier gelangte er nach Apulien. Dort kamen ihm zwei Consuln entgegen, Gaius Terentius und Lucius Aemilius. Die Heere beider schlug er in einer Schlacht, den Consul Paulus tötete er und außerdem einige ehemaligen Consuln, unter ihnen Gnaeus Servilius Geminus, der im vorigen Jahr Consul gewesen war.

Verbinde! (S. 128)

a9; b7; c5; d8; e2; f3; g4; h1; i6.

18. Lektion

Verbinde! (S. 130)

a6; b8; c2; d1; e5; f3; g4; h7.

Caesar-Text (S. 132)

Gallien ist in drei Teile/Gebiete geteilt, die die Belgier, die Aquitanier und die Gallier bewohnen. Die Gallier heißen in ihrer eigenen Sprache Kelten. All diese – Belgier, Aquitanier und Gallier – unterscheiden sich in Sprache, Bräuchen/Einrichtungen und Gesetzen voneinander. Der Fluss Garonne trennt die Gallier von den Aquitaniern, von den Belgiern trennt sie die Marne und die Seine. Die Belgier sind von all diesen die tapfersten, deshalb weil sie von Kultur und höherer Bildung der Provinz am weitesten entfernt sind.

Außerdem verkehren nur sehr selten Händler bei ihnen und importieren Dinge, die den Geist verweiblichen können. Die Belgier leben nächst den Germanen, die jenseits des Rheins wohnen, mit denen sie ständig Krieg führen. Deshalb übertreffen die Helvetier auch die übrigen Gallier an Tapferkeit, weil sie fast täglich Kämpfe mit den Germanen austragen.

Bei den Helvetiern war Orgetorix der vornehmste und reichste Mann. Er zettelte unter dem Konsulat des Marcus Messala und des Marcus Piso aus Machtgier eine Verschwörung des Adels/der Oberschicht an. Er überredete (auch) das Volk, mit allem Hab und Gut/allen Vorräten die eigenen Grenzen zu verlassen/auszuwandern. Durch diese Aussicht veranlasst und durch die Autorität des Orgetorix vorangetrieben/motiviert beschlossen sie, das, was zum Aufbruch nötig ist, zusammenzuschaffen, Vieh und Karren/Wagen zu kaufen und möglichst viel Aussaat zu leisten, damit während der Reise genügend Getreidevorräte zur Verfügung stünden. Außerdem wollten sie mit den benachbarten Stämmen Frieden und Freundschaft schließen/erneuern. Für die Ausführung dieser Aufgaben hielten sie einen Zeitraum von zwei Jahren für angemessen/ausreichend.

Die Auswanderung legten sie per Gesetz auf das dritte Jahr fest. Für die Ausführung wählten sie Orgetorix/wurde Orgetorix gewählt. Er unternahm eine Gesandtschaftsreise zu den (benachbarten) Stämmen. Auf dieser Reise überredete Orgetorix den Sequaner Casticus, dass er die Herrschaft in seinem Stamm an sich reißt. Schon Catamantaloedes, der Vater des Casticus, hatte für viele Jahre die Herrschaft über die Sequaner (in seiner Hand). Genauso überredete Orgetorix den Haeduer Dumnorix, den Bruder des Diviciacus, damit er das gleiche versuchte. Ihm gab er seine Tochter zur Frau.

19. Lektion
Sallust-Text (S. 136)

Lucius Catilina, von edler Herkunft/aus gutem Hause, besaß große Geistes- und Körperkraft, jedoch einen bösen und unrechten Charakter. Ihm waren von Jugend an Bürgerkriege, Mord(e), Raub und Zwietracht unter den Bürgern (gern gesehen) — und dort übte er sich auch als junger Mann. Sein Körper war fähig, mehr Hunger, Kälte und Wachen zu ertragen, als glaubwürdig/zu glauben ist. Sein Verstand war kühn, hinterlistig und verschlagen, jeder Sache Vortäuscher oder (Nicht-Vortäuscher)/Leugner; Fremdes strebte er an, das Seine/sein Eigentum verschwendete er; erhitzt in Begierden; Beredsamkeit besaß er zur Genüge, Weisheit zu wenig. Sein unermeßlicher Geist wünschte immer das Maßlose, Unglaubliche, allzu Hohe. Nach der Gewaltherrschaft des Lucius Sulla hatte ihn die höchste Begier danach ergriffen, sich des Staates zu bemächtigen, und auf welche Arten er das erreichte, war ihm völlig gleichgültig, wenn er sich nur die Herrschaft verschaffte.

Sein wilder Geist wurde von Tag zu Tag mehr angetrieben durch den Mangel an Vermögen und dem Wissen um seine Verbrechen, die er beide durch seine Talente noch vergrößert hatte, die ich oben erwähnt habe. Es entflammten ihn außerdem die verdorbenen Sitten der Bürgerschaft, welche die zwei schlimmsten und einander widersprechenden Übel quälten, Verschwendungssucht und Gier.

Musterlösungen

20. Lektion
Verbinde! (S. 138)
a5; b8; c7; d9; e6; f2; g3; h4; i1.

Cicero-Text (S. 140)

Wie lange willst du, Catilina, noch unsere Geduld missbrauchen? Wie lange soll dieser dein Wahnsinn/diese deine Raserei uns noch verspotten? Wie weit (wörtl.: Bis zu welchem Ende) wird diese zügellose Frechheit noch gehen? Haben die nächtlichen Posten auf dem Palatin, die Wachen in der Stadt, die Furcht des Volkes, das Zusammenkommen/-treffen aller Guten/Rechtschaffenden, diese äußerst stark gesicherte Versammlungsstätte des Senats und nicht einmal die Mienen und Blicke dieser (Anwesenden) erschüttert/aufgerüttelt? Spürst du nicht, dass deine Pläne offenliegen; dass durch das Einvernehmen all dieser (Männer) hier deine Verschwörung (bereits) überführt ist, siehst du nicht?

Was du in der letzten, was du in der vorletzten Nacht gemacht hast, wo du warst/dich aufgehalten hast, wen du zusammengerufen hast, welchen Plan du gefasst hast, glaubst du, wir wüssten das nicht (freier übersetzt)?

O Zeiten, o Sitten! Der Senat weiß es, der Konsul sieht es; dennoch lebt er (gemeint: Catilina). Er lebt? (Nein, er lebt nicht nur) Er kommt sogar in den Senat, nimmt an einer öffentlichen Beratung teil, bestimmt und bezeichnet mit seinen Blicken (wörtl.: Augen) einen jeden von uns.

Wir tapferen Männer aber scheinen der Republik/dem Staat genüge zu tun, wenn/indem wir seiner Raserei und seinen Waffen ausweichen/aus dem Weg gehen (diese meiden).

Man hätte dich, Catilina, schon längst zum Tode auf Befehl des Konsuls abführen und das Verderben auf dich lenken sollen, welches du gegen uns seit langem anstiften willst.

Latein-Quiz (S. 143)
1. a: **2.** c; **3.** d; **4.** b; **5.** c; **6.** a.

Gesamtwiederholung
»Exotische« Deklinationen (S. 144)

1. portus; **2.** faciei; **3.** interitu; **4.** species; **5.** pernicie; **6.** portum; **7.** exercitibus; **8.** cornua; **9.** res; **10.** manuum; **11.** fidei; **12.** faciem; **13.** rerum; <u>Lösung:</u> Terentius Afer (Terenz).

Flexionsübungen (S. 145)
Vergleiche mit den Tabellen im Buch!
amica, amicus, puer, templum, senator, tempus (S. 41); civis, turris, mare, magnus (S. 42); omnis (S. 43); dies (S. 53); exercitus, cornu (S. 54).

Präsens Ind. Akt. (S. 44); Imperfekt Ind. Akt. (S. 53); Perfekt und Plusquamperfekt Ind. Akt. (S. 59); Futur I und II (76); Passiv-Formen (S. 82/83); Konjunktivformen (S. 105/106).

Verbinde! S. 146)
a8; b6; c11; d10; e9; f4; g1; h3; i5; j7; k2

Übersetzungsübung (S. 147)
1. Solange ich atme, hoffe ich. **2.** Wie du gesät hast/haben wirst, so wirst du ernten. **3.** Zu Beginn des Frühjahrs marschierten die Römer zum Krieg (ab). **4.** Die Athener verließen, als sie die Feinde nahen hörten, die Stadt. **5.** Die Stadt ist von den Feinden eingenommen und zerstört worden. **6.** Gesandte kamen, die um Hilfe baten.
7./8. Obwohl sie unter Wasser sind, versuchen sie noch unter Wasser zu schimpfen.   >>>

9. Weil er eine Strafe befürchtete, wagte (es) der Junge nicht, nach Hause zurückzukehren. **10.** Nach Vollendung dieser Dinge kehrte Caesar nach Gallien zurück. **11.** Wir wissen, dass die römischen Herren zu ihren Sklaven manchmal unmenschlich waren. **12.** Freilich gab es auch menschliche/humane Herren. **13.** Einst erzählte irgendein Junge seinen Freunden viel über die Künste. **14.** *(freier übersetzt)* Während die Dichtergattung bei den Griechen alteingesessen ist, haben wir die Dichtkunst erst später aufgenommen. **15.** Wenn auch die Kräfte fehlen, so ist doch/dennoch der Wille zu loben. **16.** Weil ein Leben ohne Freunde voller Furcht ist, mahnt gerade die Vernunft, Freundschaften zu suchen/schließen.

21. Lektion

Lateinstunde (S. 148)

Morgens/In der Frühe gehen Marcus, Claudia und Julia, die dessen Freundinnen sind, zur Schule, weil sie am Unterricht teilnehmen müssen. Als sie in der Klasse/im Klassenzimmer ankommen, erblicken die zu spät kommenden Kinder den Lehrer nicht. Nachdem Marcus von den Mädchen weggegangen ist, geht er zu Victor und Clemens, seinen Freunden, und sagt „Hallo, Freunde! Wie geht es euch?" „Mir geht's gut", antwortet Victor, doch Clemens, der vor dem Fenster steht, sagt, dass er seine Hausaufgaben nicht gemacht hat; aus diesem Grund geht es ihm nicht gut und er ist unruhig. Plötzlich wird die Tür vom Lehrer geöffnet, zugleich schweigen alle Schüler und Schülerinnen, setzen sich jedoch nicht, weshalb der Lehrer „Auf die Plätze/Setzen!" ruft.
Während er zur Tafel geht, ruft er mit lauter Stimme „Seid gegrüßt!" und fordert, indem er ein Zeichen gibt, irgendein Mädchen, das in der ersten Reihe sitzt, auf, die Tafel mit einem Schwamm zu wischen, den er ihr gibt, doch das Mädchen, das blonde Haare hat, versteht den Lehrer nicht und fragt „Was haben Sie gesagt?"
„Du fragst, was ich gesagt habe? Warum hast du mir nicht zugehört? Ich habe gesagt, du sollst/musst die Tafel wischen! Geh!"
Dann/Darauf will der Lehrer (noch einmal) aus der Klasse gehen und sagt: „Ich gehe noch einmal schnell zu meinem Auto, um eure Hefte zu holen, damit wir die Arbeit korrigieren können. Morgen besprechen wir (dann) die Hausaufgaben." Nachdem der Lehrer aus der Klasse gegangen ist, flüstern/tuscheln alle Schüler, Clemens springt sogar in die Luft, aber Victor murrt mürrisch, dass er Caesar nicht mag und sagt: „Caesar zu lesen ist furchtbar langweilig; wahrscheinlich haben sie ihn auch deshalb ermordet, damit er nicht mehr schreiben und uns arme Schüler noch mehr als jetzt schon quälen kann."
Alle bis auf Paulus, der ein (echter) Streber ist, lachen, doch dieser sagt: „Was meinst du damit? Gaius Iulius Caesar war ein berühmter Schriftsteller, sein Gallischer Krieg ist ein gutes Werk, wie es sogar die Meinung des Marcus Tullius Cicero war!"
Da kehrt der Lehrer in die Klasse zurück und fährt die Schülerinnen und Schüler an, dass sie auf diese Weise/mit dieser Lerneinstellung weder das Latinum bestehen, noch die Lateinische Sprache jemals verstehen werden; er wendet sich an Marcus: „Auch deine Arbeit ist nicht gut -- du hast doch gelernt, oder?"
„Sicher/Natürlich habe ich gelernt, aber ich war lange (Zeit) krank und konnte deshalb nicht für die Schule lernen", antwortet Marcus; der wütende Lehrer aber entgegnet/antwortet: „Du musst den Stoff nachlernen/nachholen!"
Paulus, der der Klassenprimus/-beste ist, lächelt, doch der strenge Lehrer richtet an ihn (folgende) Worte: „Auch deine Arbeit war nicht gut – befriedigend!" Darüber ist er/dieser erstaunt und sagt: „Das kann (doch) nicht sein. Ich habe bisher nur/nichts als Einsen geschrieben!" Der Lehrer meint lachend: „Nicht immer!" Alle lachen, doch Paulus murmelt mürrisch: „Ich hasse Caesar!"

Zeittafel zur Geschichte Roms

753 v. Chr. Sagenhafte Gründung Roms

510 v. Chr. Vertreibung des letzten Etrusker-Königs Tarquinius Superbus

450 v. Chr. Zwölftafelgesetz

387 v. Chr. Die Kelten erobern und zerstören Rom (Gallierkatastrophe)

264-241 v. Chr. 1. Punischer Krieg

218-201 v. Chr. 2. Punischer Krieg

149-146 v. Chr. 3. Punischer Krieg

113 v. Chr. Niederlage Roms gegen die Cimbern und Teutonen

102 v. Chr. Sieg Roms über die Teutonen

101 v. Chr. Sieg Roms über die Cimbern

91-89 v. Chr. Krieg gegen die Bundesgenossen

88 v. Chr. Beginn der Bürgerkriege

73-71 v. Chr. Sklavenaufstand unter Spartacus

67 v. Chr. Sieg des Pompeius über die Seeräuber

60 v. Chr. 1. Triumvirat zwischen Caesar, Pompeius und Crassus

58-51 v. Chr. Eroberung Galliens und Britanniens durch Caesar

48 v. Chr. Sieg Caesars über Pompeius

45 v. Chr. Caesar befindet sich auf dem Höhepunkt seiner Macht

44 v. Chr. Ermordung Caesars an den Iden des März (= 15.3.)

43 v. Chr. 2. Triumvirat zwischen Antonius, Lepidus und Octavian

42 v. Chr. Antonius verfolgt und besiegt die Caesar-Mörder Cassius und Brutus

36 v. Chr. Antonius heiratet Kleopatra

31 v. Chr. Sieg Octavians über Antonius und Kleopatra

27 v. Chr. Octavian wird zum Kaiser Augustus

12 v. Chr. Beginn der Germanenkriege

9 n. Chr. Schlacht im Teutoburger Wald: Drei Legionen unter Varus erleiden eine vernichtende Niederlage

64 n. Chr. 1. Christenverfolgung unter Nero nach Brand Roms

79 n. Chr. Zerstörung von Pompeji und Herculaneum durch den Vesuvausbruch

Vokabelverzeichnis

A

a, ab *WH-5-8*
accedere *16*
accipere *10*
accusare *13*
ad *2*
adeo *17*
adesse *9*
adipisci *12*
administrare *6*
admirari *12*
adversarius *11*
adversus *17*
aedificium *5*
aequus *17*
aestas *5*
afficere *17*
Africa *1*
ager *10*
agere *3*
aggredi *12*
agitare *19*
ait, aiunt *5*
alienus *17*
aliquid *10*
alius *6*
alter *14*
altus *19*
ambulare *10*
amica *2*
amicitia *18*
amicus *2*
an...? *2*
anima *17*
animus *17*
annus *6*
ante *14*
antiquus *6*
appellare *7*
appetere *9*
apud *5*
aqua *7*
arbitrari *8*
ars *8*
artificium *8*
at *5*
atque, ac *5*
auctoritas *18*
audacia *20*

audax *19*
audere *12*
audere *4*
audire *2*
augere *19*
autem *1*
auxiliari *12*
auxilium *16*
avaritia *19*
avus *1*

B

bellum *4*
bene *3*
bonus *2*
brevis *14*

C

caedes *19*
caelum *7*
capere *19*
Carthago *1*
castra *11*
causa *9*
censere *9*
ceteri *3*
cibus *16*
circiter *6*
circumvenire *17*
civilis *19*
civilis *6*
civis *5*
civitas *6*
clamare *2*
clamor *4*
clarus *6*
cogitare *16*
cognoscere *8*
cohortari *12*
colere *8*
collocare *11*
comparare *18*
comprehendere *7*
conari *12*

concurrere *20*
concursus *20*
condere *13*
conferre *20*
conficere *9*
confidere *12*
confirmare *9*
confiteri *12*
confligere *17*
coniuratio *WH-5-8*
conservare *17*
consilium *20*
constat *8*
constituere *18*
consul *6*
consularis *17*
consulatus *10*
contendere *6*
contra *6*
convenire *9*
copia *18*
corpus *19*
cottidianus *14*
creare *7*
crescere *14*
cui? *3*
cultus *18*
cum *2*
cunctari *12*
cuncti *5*
cupere *9*
cupiditas *18*
cur? *4*
curia *4*
currere *2*
custodire *9*

D

dare *3*
de *1*
dea *11*
debere *3*
decem *9*
decet *8*
decimus *9*
deinde *5*

delectare *5*
delere *13*
deligere *17*
deponere *17*
designare *20*
deus *7*
dexter *17*
dicere *3*
dies *4*
differe *8*
difficilis *9*
dimittere *14*
discedere *17*
discere *3*
disciplina *3*
discipulus *3*
dives *18*
dividere *7*
docere *3*
doctus *4*
dolor *13*
domina *1*
dominatio *19*
dominus *1*
domus *3*
dormire *9*
dubitare *17*
ducere *8*
dum *10*
duo *9*
dux *8*

E

e, ex *6*
edere *5*
ego *3*
enim *1*
erga *17*
errare *9*
esse, est, sunt *1*
et *1*
et...et... *5*
etiam *3*
Europa *1*
exemplum *WH-5-8*
exercere *19*

exercitus *6*
exire *6*
expellere *11*
experiri *12*
expugnare *WH-5-8*
exspectare *5*
exstinguere *13*

F

facere *7*
facilis *14*
factio *15*
familia *1*
familiaris *19*
fateri *12*
felix *10*
femina *1*
fere *8*
ferox *19*
ferre *8*
fidere *12*
fieri *14*
filia *1*
filius *1*
finire *14*
finis *18*
finitimi *WH-5-8*
flere *16*
florere *13*
flumen *1*
fortasse *5*
fortis *18*
forum *3*
frater *1*
frui *12*
frumentum *18*
fuga *17*
fugere *17*
fungi *12*
furor *20*
futurus *10*

potiri *12*
praeesse *6*
praesidium *20*
praestare *17*
praeterea *17*
premere *17*
pretium *10*
primus *5*
principium *4*
prior, -ius *16*
procul *5*
proelium *6*
proficisci *12*
properare *2*
propterea *18*
provincia *15*
proximus *18*
prudens *WH-5-8*
prudentia *17*
publicus *20*
puella *1*
puer *1*
pugna *17*
pugnare *17*
putare *8*

Q

qua de causa? *4*
quaerere *5*
quaestus *8*
quam diu *20*
quam *WH-5-8*
quamquam *5*
quantus *17*
quartus *9*
quattuor *9*
quem? *2*
queri *12*
qui, quae, quod *4*
quia *4*
quid? *1*
quidam,

quaedam,
quoddam *6*
quidem *17*
quinque *9*
quintus *9*
quis? *2*
quod *4*
quoque *1*

R

rapere *14*
rapina *19*
regere *6*
regnare *9*
regnum *14*
relinquere *10*
reliqui *8*
reminisci *12*
reri *12*
res *6*
res publica *6*
resistere *17*
respondere *3*
reverti *12*
rex *10*
Rhenus *1*
ridere *3*
ripa *13*
rogare *5*
Roma *1*
Romanus *1*

S

saepe *6*
salutare *10*
salve(te)! *3*
sapiens *9*
sapienter *9*
sapientia *19*
satis *9*
scelus *19*

schola *3*
scientia *20*
scire *10*
scribere *3*
se *5*
secundus *9*
sed *1*
sedere *6*
semper *12*
senator *4*
senatus *20*
senex *10*
sententia *10*
sentire *20*
septem *9*
septimus *9*
sequi *12*
sermo *5*
serva *1*
servare *WH-5-8*
servus *1*
sex *9*
sextus *9*
si *4*
sibi *9*
sic *2*
Sicilia *1*
sicut *14*
simulacrum *8*
sine *7*
solere *12*
solvere *6*
soror *1*
sors *12*
Sparta *1*
spectare *12*
spes *13*
stare *5*
statua *11*
sub *7*
sui *9*
super *7*
superare *13*
supra *19*
suscipere *18*
suus *2*

T

tacere *10*
tam *15*
tamen *5*
tandem *4*
tangere *4*
tantus *17*
te *9*
telum *20*
templum *4*
tempus *6*
tenebrae *7*
tenere *8*
terra *6*
tertius *9*
tibi *9*
timor *20*
tollere *6*
totus *6*
tradere *8*
trans *13*
transire *14*
tres *9*
tribuere *11*
tribunus (plebis)
13
tu *9*
tui *9*
tum *3*
tuus *9*

U

ubi? *1*
ubique *4*
ullus *11*
una (cum) *3*
unde? *3*
unus *6*
urbs *1*
ut? *3*
uter *17*
uti *12*

utilis *WH-5-8*
utrum...an *2*

V

vacuus *7*
vagari *12*
valere *3*
varius *12*
velle *4*
velut *17*
vendere *4*
venire *2*
verbum *7*
vereri *12*
veritas *10*
vero *20*
versari *12*
verus *17*
vesper *11*
vester *9*
vestri *9*
vestrum *9*
vexare *13*
via *8*
vicus *WH-5-8*
videre *2*
videri *12*
vigilare *9*
villa *2*
vincere *6*
vir *1*
virgo *14*
virtus *6*
vis *8*
vita *3*
vitare *20*
vivere *14*
vobis *9*
vocare *3*
voluntas *14*
vos *9*
vultus *20*

Grammatikanhang

Deklinationen

amica, -ae f. - die Freundin

	Singular	Plural
Nominativ	amic-**a** *(die Freundin)*	amic-**ae** *(die Freundinnen)*
Genitiv	amic-**ae** *(der Freundin)*	amic-**arum** *(der Freundinnen)*
Dativ	amic-**ae** *(der Freundin)*	amic-**is** *(den Freundinnen)*
Akkusativ	amic-**am** *(die Freundin)*	amic-**as** *(die Freundinnen)*
Ablativ	(ab) amic-**a** *((von) der Freundin)*	(ab) amic-**is** *((von) den Freundinnen)*

amicus, -i m. - der Freund

Nominativ	amic-**us** *(der Freund)*	amic-**i** *(die Freunde)*
Genitiv	amic-**i** *(des Freundes)*	amic-**orum** *(der Freunde)*
Dativ	amic-**o** *(dem Freund)*	amic-**is** *(den Freunden)*
Akkusativ	amic-**um** *(den Freund)*	amic-**os** *(die Freunde)*
Ablativ	(ab) amic-**o** *((vom) Freund)*	(ab) amic-**is** *((von) den Freunden)*

puer, -eri m. - der Junge

Nominativ	puer *(der Junge)*	puer-**i** *(die Jungen)*
Genitiv	puer-**i** *(des Jungen)*	puer-**orum** *(der Jungen)*
Dativ	puer-**o** *(dem Jungen)*	puer-**is** *(den Jungen)*
Akkusativ	puer-**um** *(den Jungen)*	puer-**os** *(die Jungen)*
Ablativ	(a) puer-**o** *((vom) Jungen)*	(a) puer-**is** *((von) den Jungen)*

templum, -i n. - der Tempel

Nominativ	templ-**um** *(der Tempel)*	templ-**a** *(die Tempel)*
Genitiv	templ-**i** *(des Tempels)*	templ-**orum** *(der Tempel)*
Dativ	templ-**o** *(dem Tempel)*	templ-**is** *(den Tempeln)*
Akkusativ	templ-**um** *(den Tempel)*	templ-**a** *(die Tempel)*
Ablativ	(a) templ-**o** *((vom) Tempel)*	(a) templ-**is** *((von) den Tempeln)*

senator, -oris m. - der Senator

Nominativ	senator *(der Senator)*	senator-**es** *(die Senatoren)*
Genitiv	senator-**is** *(des Senators)*	senator-**um** *(der Senatoren)*
Dativ	senator-**i** *(dem Senator)*	senator-**ibus** *(den Senatoren)*
Akkusativ	senator-**em** *(den Senator)*	senator-**es** *(die Senatoren)*
Ablativ	(a) senator-**e** *((vom) Senator)*	(a) senator-**ibus** *((von) den Senatoren)*

tempus, -oris n. - die Zeit

Nominativ	tempus *(die Zeit)*	tempor-**a** *(die Zeiten)*
Genitiv	tempor-**is** *(der Zeit)*	tempor-**um** *(der Zeiten)*
Dativ	tempor-**i** *(der Zeit)*	tempor-**ibus** *(den Zeiten)*
Akkusativ	tempus *(die Zeit)*	tempor-**a** *(die Zeiten)*
Ablativ	tempor-**e** *(in der Zeit)*	tempor-**ibus** *(in den Zeiten)*

cīvis, -is m./f. - der/die Bürger/in

	Singular	Plural
Nominativ	cīv-**is** *(der Bürger)*	cīv-**es** *(die Bürger)*
Genitiv	cīv-**is** *(des Bürgers)*	cīv-**ium** *(der Bürger)*
Dativ	cīv-**i** *(dem Bürger)*	cīv-**ibus** *(den Bürgern)*
Akkusativ	cīv-**em** *(den Bürger)*	cīv-**es** *(die Bürger)*
Ablativ	(a) cīv-**e** *((vom) Bürger)*	(a) cīv-**ibus** *((von) den Bürgern)*

turris, -is f. - der Turm

	Singular	Plural
Nominativ	turr-**is** *(der Turm)*	turr-**es** *(die Türme)*
Genitiv	turr-**is** *(des Turms)*	turr-**ium** *(der Türme)*
Dativ	turr-**i** *(dem Turm)*	turr-**ibus** *(den Türmen)*
Akkusativ	turr-**im** *(den Turm)*	turr-**es** *(die Türme)*
Ablativ	(a) turr-**i** *((vom) Turm)*	(a) turr-**ibus** *((von) den Türmen)*

mare, -is n. - das Meer

	Singular	Plural
Nominativ	mare *(das Meer)*	mar-**ia** *(die Meere)*
Genitiv	mar-**is** *(des Meeres)*	mar-**ium** *(der Meere)*
Dativ	mar-**i** *(dem Meer)*	mar-**ibus** *(den Meeren)*
Akkusativ	mare *(das Meer)*	mar-**ia** *(die Meere)*
Ablativ	mar-**i** *(im Meer)*	mar-**ibus** *(in den Meeren)*

diēs, -ēi m. - der Tag

	Singular	Plural
Nominativ	di-**ēs** *(der Tag)*	di-**ēs** *(die Tage)*
Genitiv	di-**ēi** *(des Tages)*	di-**ērum** *(der Tage)*
Dativ	di-**ēi** *(dem Tag)*	di-**ēbus** *(den Tagen)*
Akkusativ	di-**em** *(den Tag)*	di-**ēs** *(die Tage)*
Ablativ	di-**ē** *(am Tag)*	di-**ēbus** *(an den Tagen)*

exercitus, -ūs m. - das Heer

	Singular	Plural
Nominativ	exercit-**us** *(das Heer)*	exercit-**ūs** *(die Heere)*
Genitiv	exercit-**ūs** *(des Heeres)*	exercit-**uum** *(der Heere)*
Dativ	exercit-**uī** *(dem Heer)*	exercit-**ibus** *(den Heeren)*
Akkusativ	exercit-**um** *(das Heer)*	exercit-**us** *(die Heere)*
Ablativ	(ab) exercit-**ū** *((vom) Heer)*	(ab) exercit-**ibus** *((von) den Heeren)*

cornū, -ūs n. - das Horn

	Singular	Plural
Nominativ	corn-**ū** *(das Horn)*	corn-**ua** *(die Hörner)*
Genitiv	corn-**ūs** *(des Horns)*	corn-**uum** *(der Hörner)*
Dativ	corn-**ū** *(dem Horn)*	corn-**ibus** *(den Hörnern)*
Akkusativ	corn-**ū** *(das Horn)*	corn-**ua** *(die Hörner)*
Ablativ	(a) corn-**ū** *((vom) Horn)*	(a) corn-**ibus** *((von) den Hörnern)*

magnus, -a, -um - groß

Singular	m.	f.	n.
Nominativ	magn-**us**	magn-**a**	magn-**um**
Genitiv	magn-**i**	magn-**ae**	magn-**i**
Dativ	magn-**o**	magn-**ae**	magn-**o**
Akkusativ	magn-**um**	magn-**am**	magn-**um**
Ablativ	magn-**o**	magn-**a**	magn-**o**

Plural	m.	f.	n.
Nominativ	magn-**i**	magn-**ae**	magn-**a**
Genitiv	magn-**orum**	magn-**arum**	magn-**orum**
Dativ	magn-**is**	magn-**is**	magn-**is**
Akkusativ	magn-**os**	magn-**as**	magn-**a**
Ablativ	magn-**is**	magn-**is**	magn-**is**

omnis, -is, -e - jeder, ganz; alle

Singular	m.	f.	n.
Nominativ	omn-**is**	omn-**is**	omn-**e**
Genitiv	omn-**is**	omn-**is**	omn-**is**
Dativ	omn-**i**	omn-**i**	omn-**i**
Akkusativ	omn-**em**	omn-**em**	omn-**e**
Ablativ	omn-**i**	omn-**i**	omn-**i**

Plural	m.	f.	n.
Nominativ	omn-**es**		omn-**ia**
Genitiv	omn-**ium**		omn-**ium**
Dativ	omn-**ibus**		
Akkusativ	omn-**es**		omn-**ia**
Ablativ	omn-**ibus**		

Endungsübersicht

	a-Dekl.	o-Dekl. m.	o-Dekl. n.	kons. Dekl.	kons. Dekl. n.	gem. Dekl.	i-Dekl.	i-Dekl. n.
Nom. Sg.	a	us, er	um	-	us, men	is, ēs, s	is	e
Gen.	ae	ī	ī	is	is	is	is	is
Dat.	ae	o	o	ī	ī	ī	ī	ī
Akk.	am	um	um	em	us, men	em	im	e
Abl.	ā	ō	ō	e	e	e	ī	ī
Nom. Pl.	ae	ī	a	ēs	a	ēs	ēs	ia
Gen.	ārum	ōrum	ōrum	um	um	ium	ium	ium
Dat.	īs	īs	īs	ibus	ibus	ibus	ibus	ibus
Akk.	ās	ōs	a	ēs	a	ēs	ēs	ia
Abl.	īs	īs	īs	ibus	ibus	ibus	ibus	ibus

qui, quae, quod - der, die, das; welcher, welche, welches

Singular	m.	f.	n.
Nominativ	quī	quae	quod
Genitiv	cu-**ius**		
Dativ	cu-**i**		
Akkusativ	qu-**em**	qu-**am**	quod
Ablativ	qu-ō	qu-ā	qu-ō

Plural	m.	f.	n.
Nominativ	qu-**i**	qu-**ae**	qu-**ae**
Genitiv	qu-**ōrum**	qu-**ārum**	qu-**ōrum**
Dativ	qu-**ibus**		
Akkusativ	qu-**ōs**	qu-**ās**	qu-**ae**
Ablativ	qu-**ibus**		

hic, haec, hoc - dieser, diese, dieses

Singular	m.	f.	n.
Nominativ	hic	haec	hoc
Genitiv	hu-**ius**		
Dativ	huic		
Akkusativ	hunc	hanc	hoc
Ablativ	hōc	hāc	hōc

Plural	m.	f.	n.
Nominativ	h-**ī**	h-**ae**	haec
Genitiv	h-**ōrum**	h-**ārum**	h-**ōrum**
Dativ	h-**īs**		
Akkusativ	h-**ōs**	h-**ās**	haec
Ablativ	h-**īs**		

is, ea, id - der, die, das

Singular	m.	f.	n.
Nominativ	is	e-**a**	id
Genitiv	e-**ius**		
Dativ	e-**ī**		
Akkusativ	e-**um**	e-**am**	id
Ablativ	e-ō	e-ā	e-ō

Plural	m.	f.	n.
Nominativ	i-**ī** (eī)	e-**ae**	e-**a**
Genitiv	e-**ōrum**	e-**ārum**	e-**ōrum**
Dativ	i-**īs** (eis)		
Akkusativ	e-**ōs**	e-**ās**	e-**a**
Ablativ	i-**īs** (eis)		

Grammatikanhang

Konjugationen

Präsens Indikativ Aktiv

a-Konj.	e-Konj.	i-Konj.	gem. Konj.	kons. Konj.
am-ō (!)	mone-ō	audi-ō	cap-i-ō	reg-ō
amā-s	monē-s	audī-s	cap-i-s	reg-i-s
ama-t	mone-t	audi-t	cap-i-t	reg-i-t
amā-mus	monē-mus	audī-mus	cap-i-mus	reg-i-mus
amā-tis	monē-tis	audī-tis	cap-i-tis	reg-i-tis
ama-nt	mone-nt	audi-u-nt (!)	cap-i-u-nt (!)	reg-u-nt (!)

Imperfekt Indikativ Aktiv

a-Konj.	e-Konj.	i-Konj.	gem. Konj.	kons. Konj.
amā-ba-m	monē-ba-m	audi-ēba-m	cap-i-ēba-m	reg-ēba-m
amā-bā-s	monē-bā-s	audi-ēbā-s	cap-i-ēbā-s	reg-ēbā-s
amā-ba-t	monē-ba-t	audi-ēba-t	cap-i-ēba-t	reg-ēba-t
amā-bā-mus	monē-bā-mus	audi-ēbā-mus	cap-i-ēbā-mus	reg-ēbā-mus
amā-bā-tis	monē-bā-tis	audi-ēbā-tis	cap-i-ēbā-tis	reg-ēbā-tis
amā-ba-nt	monē-ba-nt	audi-ēba-nt	cap-i-ēba-nt	reg-ēba-nt

Perfekt Indikativ Aktiv

a-Konj.	e-Konj.	i-Konj.	gem. Konj.	kons. Konj.
amāv-ī	monu-ī	audīv-ī	cēp-ī	rēx-ī
amāv-istī	monu-istī	audīv-istī	cēp-istī	rēx-istī
amāv-it	monu-it	audīv-it	cēp-it	rēx-it
amāv-imus	monu-imus	audīv-imus	cēp-imus	rēx-imus
amāv-istis	monu-istis	audīv-istis	cēp-istis	rēx-istis
amāv-ērunt	monu-ērunt	audīv-ērunt	cēp-ērunt	rēx-ērunt

Plusquamperfekt Indikativ Aktiv

a-Konj.	e-Konj.	i-Konj.	gem. Konj.	kons. Konj.
amāv-era-m	monu-era-m	audīv-era-m	cēp-era-m	rēx-era-m
amāv-erā-s	monu-erā-s	audīv-erā-s	cēp-erā-s	rēx-erā-s
amāv-era-t	monu-era-t	audīv-era-t	cēp-era-t	rēx-era-t
amāv-erā-mus	monu-erā-mus	audīv-erā-mus	cēp-erā-mus	rēx-erā-mus
amāv-erā-tis	monu-erā-tis	audīv-erā-tis	cēp-erā-tis	rēx-erā-tis
amāv-era-nt	monu-era-nt	audīv-era-nt	cēp-era-nt	rēx-era-nt

Futur I Indikativ Aktiv

a-Konj.	e-Konj.	i-Konj.	gem. Konj.	kons. Konj.
amā-b-ō	monē-b-ō	audi-a-m	capi-a-m	reg-a-m
amā-bi-s	monē-bi-s	audi-ē-s	capi-ē-s	reg-ē-s
amā-bi-t	monē-bi-t	audi-e-t	capi-e-t	reg-e-t
amā-bi-mus	monē-bi-mus	audi-ē-mus	capi-ē-mus	reg-ē-mus
amā-bi-tis	monē-bi-tis	audi-ē-tis	capi-ē-tis	reg-ē-tis
amā-bu-nt	monē-bu-nt	audi-e-nt	capi-e-nt	reg-e-nt

Futur II Indikativ Aktiv

a-Konj.	e-Konj.	i-Konj.	gem. Konj.	kons. Konj.
amāv-er-ō	monu-er-ō	audīv-er-ō	cēp-er-ō	rēx-er-ō
amāv-eri-s	monu-eri-s	audīv-eri-s	cēp-eri-s	rēx-eri-s
amāv-eri-t	monu-eri-t	audīv-eri-t	cēp-eri-t	rēx-eri-t
amāv-eri-mus	monu-eri-mus	audīv-eri-mus	cēp-eri-mus	rēx-eri-mus
amāv-eri-tis	monu-eri-tis	audīv-eri-tis	cēp-eri-tis	rēx-eri-tis
amāv-eri-nt	monu-eri-nt	audīv-eri-nt	cēp-eri-nt	rēx-eri-nt

Präsens Indikativ Passiv

a-Konj.	e-Konj.	i-Konj.	gem. Konj.	kons. Konj.
am-or	mone-or	audi-or	cap-i-or	reg-or
amā-ris	monē-ris	audī-ris	cap-e-ris	reg-e-ris
amā-tur	monē-tur	audī-tur	cap-i-tur	reg-i-tur
amā-mur	monē-mur	audī-mur	cap-i-mur	reg-i-mur
amā-minī	monē-minī	audī-minī	cap-i-minī	reg-i-minī
amā-ntur	mone-ntur	audi-u-ntur	cap-i-u-ntur	reg-u-ntur

Imperfekt Indikativ Passiv

a-Konj.	e-Konj.	i-Konj.	gem. Konj.	kons. Konj.
amā-ba-r	monē-ba-r	audi-ēba-r	capi-ēba-r	reg-ēba-r
amā-bā-ris	monē-bā-ris	audi-ēbā-ris	capi-ēbā-ris	reg-ēbā-ris
amā-bā-tur	monē-bā-tur	audi-ēbā-tur	capi-ēbā-tur	reg-ēbā-tur
amā-bā-mur	monē-bā-mur	audi-ēbā-mur	capi-ēbā-mur	reg-ēbā-mur
amā-bā-minī	monē-bā-minī	audi-ēbā-minī	capi-ēbā-minī	reg-ēbā-minī
amā-ba-ntur	monē-ba-ntur	audi-ēba-ntur	capi-ēba-ntur	reg-ēba-ntur

Futur I Indikativ Passiv

a-Konj.	e-Konj.	i-Konj.	gem. Konj.	kons. Konj.
amā-b-or	monē-b-or	audi-a-r	capi-a-r	reg-a-r
amā-b-e-ris	monē-b-e-ris	audi-ē-ris	capi-ē-ris	reg-ē-ris
amā-bi-tur	monē-bi-tur	audi-ē-tur	capi-ē-tur	reg-ē-tur
amā-bi-mur	monē-bi-mur	audi-ē-mur	capi-ē-mur	reg-ē-mur
amā-bi-minī	monē-bi-minī	audi-ē-minī	capi-ē-minī	reg-ē-minī
amā-bu-ntur	monē-bu-ntur	audi-e-ntur	capi-e-ntur	reg-e-ntur

Grammatikanhang

Perfekt Indikativ Passiv

	a-Konj.	e-Konj.	i-Konj.	gem. Konj.	kons. Konj.
sum	amāt-us/a/um	monit-us/a/um	audīt-us/a/um	capt-us/a/um	rēct-us/a/um
es	amāt-us/a/um	monit-us/a/um	audīt-us/a/um	capt-us/a/um	rēct-us/a/um
est	amāt-us/a/um	monit-us/a/um	audīt-us/a/um	capt-us/a/um	rēct-us/a/um
sumus	amāt-ī/ae, a	monit-ī/ae, a	audīt-ī/ae, a	capt-ī/ae, a	rēct-ī/ae, a
estis	amāt-ī/ae, a	monit-ī/ae, a	audīt-ī/ae, a	capt-ī/ae, a	rēct-ī/ae, a
sunt	amāt-ī/ae, a	monit-ī/ae, a	audīt-ī/ae, a	capt-ī/ae, a	rēct-ī/ae, a

Plusquamperfekt Indikativ Passiv

	a-Konj.	e-Konj.	i-Konj.	gem. Konj.	kons. Konj.
eram	amāt-us/a/um	monit-us/a/um	audīt-us/a/um	capt-us/a/um	rēct-us/a/um
erās	amāt-us/a/um	monit-us/a/um	audīt-us/a/um	capt-us/a/um	rēct-us/a/um
erat	amāt-us/a/um	monit-us/a/um	audīt-us/a/um	capt-us/a/um	rēct-us/a/um
erāmus	amāt-ī/ae, a	monit-ī/ae, a	audīt-ī/ae, a	capt-ī/ae, a	rēct-ī/ae, a
erātis	amāt-ī/ae, a	monit-ī/ae, a	audīt-ī/ae, a	capt-ī/ae, a	rēct-ī/ae, a
erant	amāt-ī/ae, a	monit-ī/ae, a	audīt-ī/ae, a	capt-ī/ae, a	rēct-ī/ae, a

Futur II Indikativ Passiv

	a-Konj.	e-Konj.	i-Konj.	gem. Konj.	kons. Konj.
erō	amāt-us/a/um	monit-us/a/um	audīt-us/a/um	capt-us/a/um	rēct-us/a/um
eris	amāt-us/a/um	monit-us/a/um	audīt-us/a/um	capt-us/a/um	rēct-us/a/um
erit	amāt-us/a/um	monit-us/a/um	audīt-us/a/um	capt-us/a/um	rēct-us/a/um
erimus	amāt-ī/ae, a	monit-ī/ae, a	audīt-ī/ae, a	capt-ī/ae, a	rēct-ī/ae, a
eritis	amāt-ī/ae, a	monit-ī/ae, a	audīt-ī/ae, a	capt-ī/ae, a	rēct-ī/ae, a
erunt	amāt-ī/ae, a	monit-ī/ae, a	audīt-ī/ae, a	capt-ī/ae, a	rēct-ī/ae, a

Präsens Konjunktiv Aktiv

a-Konj.	e-Konj.	i-Konj.	gem. Konj.	kons. Konj.
am-e-m	mone-a-m	audi-a-m	capi-a-m	reg-a-m
am-ē-s	mone-ā-s	audi-ā-s	capi-ā-s	reg-ā-s
am-e-t	mone-a-t	audi-a-t	capi-a-t	reg-a-t
am-ē-mus	mone-ā-mus	audi-ā-mus	capi-ā-mus	reg-ā-mus
am-ē-tis	mone-ā-tis	audi-ā-tis	capi-ā-tis	reg-ā-tis
am-e-nt	mone-a-nt	audi-a-nt	capi-a-nt	reg-a-nt

Imperfekt Konjunktiv Aktiv

a-Konj.	e-Konj.	i-Konj.	gem. Konj.	kons. Konj.
amāre-m	monēre-m	audīre-m	capere-m	regere-m
amārē-s	monērē-s	audīrē-s	caperē-s	regerē-s
amārē-t	monērē-t	audīrē-t	caperē-t	regerē-t
amārē-mus	monērē-mus	audīrē-mus	caperē-mus	regerē-mus
amārē-tis	monērē-tis	audīrē-tis	caperē-tis	regerē-tis
amāre-nt	monēre-nt	audīre-nt	capere-nt	regere-nt

Formen von »essere«

Präs: sum   sumus   Perf: fui   fuimus
       es   estis   fuisti   fuistis
       es   sunt   fuit   fuerunt

Imp: eram   eramus   Plusqu.: fueram   fueramus
       eras   eratis   fueras   fueratis
       erat   erat   fuerat   fuerant

Fut I: ero   erimus   Fut II: fuero   fuerim
       ens   eritis   fueris   fueritis
       ent   erunt   fuerit   fuerint

Perfekt Konjunktiv Aktiv

a-Konj.	e-Konj.	i-Konj.	gem. Konj.	kons. Konj.
amāv-eri-m	monu-eri-m	audīv-eri-m	cēp-eri-m	rēx-eri-m
amāv-eri-s	monu-eri-s	audīv-eri-s	cēp-eri-s	rēx-eri-s
amāv-eri-t	monu-eri-t	audīv-eri-t	cēp-eri-t	rēx-eri-t
amāv-eri-mus	monu-eri-mus	audīv-eri-mus	cēp-eri-mus	rēx-eri-mus
amāv-eri-tis	monu-eri-tis	audīv-eri-tis	cēp-eri-tis	rēx-eri-tis
amāv-eri-nt	monu-eri-nt	audīv-eri-nt	cēp-eri-nt	rēx-eri-nt

Plusquamperfekt Konjunktiv Aktiv

a-Konj.	e-Konj.	i-Konj.	gem. Konj.	kons. Konj.
amāv-isse-m	monu-isse-m	audīv-isse-m	cēp-isse-m	rēx-isse-m
amāv-issē-s	monu-issē-s	audīv-issē-s	cēp-issē-s	rēx-issē-s
amāv-isse-t	monu-isse-t	audīv-isse-t	cēp-isse-t	rēx-isse-t
amāv-issē-mus	monu-issē-mus	audīv-issē-mus	cēp-issē-mus	rēx-issē-mus
amāv-issē-tis	monu-issē-tis	audīv-issē-tis	cēp-issē-tis	rēx-issē-tis
amāv-isse-nt	monu-isse-nt	audīv-isse-nt	cēp-isse-nt	rēx-isse-nt

Präsens Konjunktiv Passiv

a-Konj.	e-Konj.	i-Konj.	gem. Konj.	kons. Konj.
am-e-r	mone-a-r	audi-a-r	capi-a-r	reg-a-r
am-ē-ris	mone-ā-ris	audi-ā-ris	capi-ā-ris	reg-ā-ris
am-e-tur	mone-ā-tur	audi-ā-tur	capi-ā-tur	reg-ā-tur
am-ē-mur	mone-ā-mur	audi-ā-mur	capi-ā-mur	reg-ā-mur
am-ē-minī	mone-ā-minī	audi-ā-minī	capi-ā-minī	reg-ā-minī
am-e-ntur	mone-a-ntur	audi-a-ntur	capi-a-ntur	reg-a-ntur

Imperfekt Konjunktiv Passiv

a-Konj.	e-Konj.	i-Konj.	gem. Konj.	kons. Konj.
amāre-r	monēre-r	audīre-r	capere-r	regere-r
amārē-ris	monērē-ris	audīrē-ris	caperē-ris	regerē-ris
amārē-tur	monērē-tur	audīrē-tur	caperē-tur	regerē-tur
amārē-mur	monērē-mur	audīrē-mur	caperē-mur	regerē-mur
amārē-minī	monērē-minī	audīrē-minī	caperē-minī	regerē-minī
amāre-ntur	monēre-ntur	audīre-ntur	capere-ntur	regere-ntur

Perfekt Konjunktiv Passiv

a-Konj.	e-Konj.	i-Konj.	gem. Konj.	kons. Konj.	
amāt-us/a/um	monit-us/a/um	audīt-us/a/um	capt-us/a/um	rēct-us/a/um	sim
amāt-us/a/um	monit-us/a/um	audīt-us/a/um	capt-us/a/um	rēct-us/a/um	sīs
amāt-us/a/um	monit-us/a/um	audīt-us/a/um	capt-us/a/um	rēct-us/a/um	sit
amāt-ī/ae, a	monit-ī/ae, a	audīt-ī/ae, a	capt-ī/ae, a	rēct-ī/ae, a	sīmus
amāt-ī/ae, a	monit-ī/ae, a	audīt-ī/ae, a	capt-ī/ae, a	rēct-ī/ae, a	sītis
amāt-ī/ae, a	monit-ī/ae, a	audīt-ī/ae, a	capt-ī/ae, a	rēct-ī/ae, a	sint

Plusquamperfekt Konj. Pass. mit essem, esses, esset... für sim, sis, sit...

Grammatikanhang

Die unregelmäßigen Verben

posse – *können*

Präsens	**Indikativ Aktiv** possum, potes, potest possumus, potestis, possunt	**Konjunktiv Aktiv** possim, possis, possit possimus, possitis, possint
Perfekt	**Indikativ Aktiv** potui, potuisti, potuit potuimus, potuistis, potuerunt	**Konjunktiv Aktiv** potuerim, potueris, potuerit potuerimus, potueritis, potuerint
Imperfekt	**Indikativ Aktiv** poteram, poteras, poterat poteramus, poteratis, poterant	**Konjunktiv Aktiv** possem, posses, posset possemus, possetis, possent
Plusquam- perfekt	**Indikativ Aktiv** potueram, potueras, potuerat potueramus, potueratis, potuerant	**Konjunktiv Aktiv** potuissem, potuisses, potuisset potuissemus, potuissetis, potuissent
Futur	**Futur I** potero, poteris, poterit poterimus, poteritis, poterunt	**Futur II** potuero, potueris, potuerit potuerimus, potueritis, potuerint

prodesse – *nutzen, nützlich sein*

Präsens	**Indikativ Aktiv** prosum, prodes, prodest prosumus, prodestis, prosunt	**Konjunktiv Aktiv** prosim, prosis, prosit prosimus, prositis, prosint
Perfekt	**Indikativ Aktiv** profui, profuisti, profuit profuimus, profuistis, profuerunt	**Konjunktiv Aktiv** profuerim, profueris, profuerit profuerimus, profueritis, -nt
Imperfekt	**Indikativ Aktiv** proderam, proderas, proderat proderamus, proderatis, proderant	**Konjunktiv Aktiv** prodessem, prodesses, prodesset prodessemus, prodessetis, -nt
Plusquam- perfekt	**Indikativ Aktiv** profueram, profueras, profuerat profueramus, profueratis, profuerant	**Konjunktiv Aktiv** profuissem, profuisses, profuisset profuissemus, profuissetis, -nt
Futur	**Futur I** prodero, proderis, proderit proderimus, proderitis, proderunt	**Futur II** profuero, profueris, profuerit profuerimus, profueritis, -nt

velle – *wollen*

Präsens	Indikativ Aktiv volo, vis, vult volumus, vultis, volunt	Konjunktiv Aktiv velim, velis, velit velimus, velitis, velint
Perfekt	Indikativ Aktiv volui, voluisti, voluit voluimus, voluistis, voluerunt	Konjunktiv Aktiv voluerim, volueris, voluerit voluerimus, volueritis, voluerint
Imperfekt	Indikativ Aktiv volebam, volebas, volebat volebamus, volebatis, volebant	Konjunktiv Aktiv vellem, velles, vellet vellemus, velletis, vellent
Plusquam- perfekt	Indikativ Aktiv volueram, volueras, voluerat volueramus, volueratis, voluerant	Konjunktiv Aktiv voluissem, voluisses, voluisset voluissemus, voluissetis, -nt
Futur	Futur I volam, voles, volet volemus, voletis, volent	Futur II voluero, volueris, voluerit voluerimus, volueritis, voluerint

nolle – *nicht wollen*

Präsens	Indikativ Aktiv nolo, non vis, non vult nolumus, non vultis, nolunt	Konjunktiv Aktiv nolim, nolis, nolit nolimus, nolitis, nolint
Perfekt	Indikativ Aktiv nolui, noluisti, noluit noluimus, noluistis, noluerunt	Konjunktiv Aktiv noluerim, nolueris, noluerit noluerimus, nolueritis, noluerint
Imperfekt	Indikativ Aktiv nolebam, nolebas, nolebat nolebamus, nolebatis, nolebant	Konjunktiv Aktiv nollem, nolles, nollet nollemus, nolletis, nollent
Plusquam- perfekt	Indikativ Aktiv nolueram, nolueras, noluerat nolueramus, nolueratis, noluerant	Konjunktiv Aktiv noluissem, noluisses, noluisset noluissemus, noluissetis, -nt
Futur	Futur I nolam, noles, nolet nolemus, noletis, nolent	Futur II noluero, nolueris, noluerit noluerimus, nolueritis, noluerint

Grammatikanhang

malle – *lieber wollen*

Präsens	**Indikativ Aktiv** malo, mavis, mavult malumus, mavultis, malunt	**Konjunktiv Aktiv** malim, malis, malit malimus, malitis, malint
Perfekt	**Indikativ Aktiv** malui, maluisti, maluit maluimus, maluistis, maluerunt	**Konjunktiv Aktiv** maluerim, malueris, maluerit maluerimus, malueritis, maluerint
Imperfekt	**Indikativ Aktiv** malebam, malebas, malebat malebamus, malebatis, malebant	**Konjunktiv Aktiv** mallem, malles, mallet mallemus, malletis, mallent
Plusquam-perfekt	**Indikativ Aktiv** malueram, malueras, maluerat malueramus, malueratis, maluerant	**Konjunktiv Aktiv** maluissem, maluisses, maluisset maluissemus, maluissetis, -nt
Futur	**Futur I** malam, males, malet malemus, maletis, malent	**Futur II** maluero, malueris, maluerit maluerimus, malueritis, maluerint

ferre – *tragen, bringen*

Präsens	**Indikativ Aktiv** fero, fers, fert ferimus, fertis, ferunt	**Konjunktiv Aktiv** feram, feras, ferat feramus, feratis, ferant
Perfekt	**Indikativ Aktiv** tuli, tulisti, tulit tulimus, tulistis, tulerunt	**Konjunktiv Aktiv** tulerim, tuleris, tulerit tulerimus, tuleritis, tulerint
Imperfekt	**Indikativ Aktiv** ferebam, ferebas, ferebat ferebamus, ferebatis, ferebant	**Konjunktiv Aktiv** ferrem, ferres, ferret ferremus, ferretis, ferrent
Plus-quam-perfekt	**Indikativ Aktiv** tuleram, tuleras, tulerat tuleramus, tuleratis, tulerant	**Konjunktiv Aktiv** tulissem, tulisses, tulisset tulissemus, tulissetis, tulissent
Futur	**Futur I** feram, feres, feret feremus, feretis, ferent	**Futur II** tulero, tuleris, tulerit tulerimus, tuleritis, tulerint

ire – *gehen*

Präsens	**Indikativ Aktiv** eo, is, it imus, itis, eunt	**Konjunktiv Aktiv** eam, eas, eat eamus, eatis, eant
Perfekt	**Indikativ Aktiv** ii, isti, iit iimus, istis, ierunt	**Konjunktiv Aktiv** ierim, ieris, ierit ierimus, ieritis, ierint
Imperfekt	**Indikativ Aktiv** ibam, ibas, ibat ibamus, ibatis, ibant	**Konjunktiv Aktiv** irem, ires, iret iremus, iretis, irent
Plus-quam-perfekt	**Indikativ Aktiv** ieram, ieras, ierat ieramus, ieratis, ierant	**Konjunktiv Aktiv** iissem, iisses, iisset iissemus, iissetis, iissent
Futur	**Futur I** ibo, ibis, ibit ibimus, ibitis, ibunt	**Futur II** iero, ieris, ierit ierimus, ieritis, ierint

fieri – *werden, entstehen, gemacht werden*

Präsens	**Indikativ Aktiv** fio, fis, fit fimus, fitis, fiunt	**Konjunktiv Aktiv** fiam, fias, fiat fiamus, fiatis, fiant
Perfekt	**Indikativ Aktiv** *factus* sum, es, est *facti* sumus, estis, sunt	**Konjunktiv Aktiv** *factus* sim, sis, sit *facti* simus, sitis, sint
Imperfekt	**Indikativ Aktiv** fiebam, fiebas, fiebat fiebamus, fiebatis, fiebant	**Konjunktiv Aktiv** fierem, fieres, fieret fieremus, fieretis, fierent
Plus-quam-perfekt	**Indikativ Aktiv** *factus* eram, eras, erat *facti* eramus, eratis, erant	**Konjunktiv Aktiv** *factus* essem, esses, esset *facti* essemus, essetis, essent
Futur	**Futur I** fiam, fies, fiet fiemus, fietis, fient	**Futur II** *factus* ero, eris, erit *facti* erimus, eritis, erunt

Grammatikanhang

Zahlen

arabisches Zeichen	römisches Zeichen	cardinalia (Grundzahlen)	ordinalia (Ordnungszahlen)
1	I	unus, -a, -um *einer, eine, eines*	primus, -a, -um *der/die/das erste*
2	II	duo, duae, duo	secundus
3	III	tres, tres, tria	tertius
4	IV	quattuor	quartus
5	V	quinque	quintus
6	VI	sex	sextus
7	VII	septem	septimus
8	VIII	octo	octavus
9	IX	novem	nonus
10	X	decem	decimus
11	XI	undecim	undecimus
12	XII	duodecim	duodecimus
13	XIII	tredecim	tertius decimus
14	XIV	quattuordecim	quartus decimus
15	XV	quindecim	quintus decimus
16	XVI	sedecim	sextus decimus
17	XVII	septendecim	septimus decimus
18	XVIII	duodeviginti	duodevicesimus
19	XIX	undeviginti	undevicesimus
20	XX	viginti	vicesimus
30	XXX	triginta	tricesimus
40	XL	quadraginta	quadragesimus
50	L	quinquaginta	quinquagesimus
100	C	centum	centesimus
200	CC	ducenti, -ae, -a	ducentesimus
300	CCC	trecenti, -ae, -a	trecentesimus
500	D	quingenti, -ae, -a	quingentesimus
1000	M	mille	millesimus
2000	MM	duo milia	bis millesimus

Höhere Zahlen:
Ein Überstrich ⁻ multipliziert die Zahl mit 1.000, ein »Rahmen« ∏ multipliziert die Zahl mit 100.000. Allerdings sei an dieser Stelle darauf hingewiesen, dass die Schreibweise höherer Zahlen im Laufe der Zeit, besonders im Mittelalter, starke Schwankungen aufwies.

arabisches Zeichen	römisches Zeichen	distributiva (Verteilungszahlen)	multiplicativa (Zahladverbien)
1	I	singuli, -ae, -a *je ein/eine/eines*	semel *einmal*
2	II	bini, -ae, -a	bis
3	III	terni *oder* trini	ter
4	IV	quaterni	quater
5	V	quini	quinquies
6	VI	seni	sexies
7	VII	septeni	septies
8	VIII	octoni	octies
9	IX	noveni	novies
10	X	deni	decies
11	XI	undeni	undecies
12	XII	duodeni	duodecies
13	XIII	terni deni	ter decies
14	XIV	quaterni deni	quater decies
15	XV	quini deni	quinquies decies
16	XVI	seni deni	sexies decies
17	XVII	septeni deni	septies decies
18	XVIII	duodeviceni	duodevicies
19	XIX	undeviceni	undevicies
20	XX	viceni	vicies

Das Deklinieren der Numeralia:
Ordinalia und distributiva werden nach der a-/o-Deklination flektiert. Die cardinalia werden bis auf wenige Ausnahmen nicht dekliniert! Ausnahmen sind:
Die Zahlen 1-3 bzw. I-III und die Hunderter ab 200 (CC)! Letztere flektieren nach der a-/o-Deklination.

Glossar

Adjektiv: Eigenschaftswort, z. B. bonus (*gut*) oder miser (*arm*) – deklinierbar.

Adverb: Umstandswort, z. B. cras (*morgen*), saepe (*oft*), bene (*gut*) – indeklinabel.

Aktiv: Zustandsform des Verbs, bei welcher der Täter einer Verbalhandlung das Subjekt des Satzes ist, z. B. rideo (*ich lache*); vgl.: *Passiv*.

Deklination: Beugung (Bildung der Fälle/Kasus) von Substantiven, Adjektiven und Pronomen (vgl. deklinieren).

deklinieren: beugen (u. a. Bildung der Fälle/Kasus) von Substantiven, Adjektiven und Pronomen, Partizipien und nd-Formen.

Deponens: Verb mit passivischer Form, aber aktivischer Bedeutung, z. B. loqui (*sprechen*), largiri (*schenken*) oder mirari (*sich wundern*).

Diphthong: Doppelvokal, z. B. *ae, eu*.

finites Verb: gebeugtes/flektiertes Verb, z. B. audio (*ich höre*), loquitur (*er/sie/es spricht*); vgl.: *infinites Verb*.

flektieren: beugen; vgl.: *deklinieren, konjugieren* und *Flexion*.

Flexion: Beugung von deklinierbaren (Substantive, Adjektive und Pronomen) oder konjugierbaren (Verben) Wörtern.

Genus: Geschlecht eines Nomens, nämlich maskulin (*männlich*), feminin (*weiblich*) oder neutral (*sächlich*; eigtl. »keines von beiden«).

Genus verbi: Zustandsform des Verbs, nämlich aktivisch oder passivisch.

Imperativ: Befehlsform des Verbs.

indeklinabel: nicht deklinierbar; vgl.: *deklinieren*.

Indikativ: Wirklichkeitsform des Verbs, z. B. laudo (*ich lobe*); vgl.: *Konjunktiv*.

infinites Verb: nicht-gebeugtes Verb (z. B. *gehen, denken*). Zur Gruppe der infiniten Verben gehört auch der Infinitiv; vgl.: *finites Verb*.

Interjektion: Empfindungs-, Ausrufewort, z. B. heu (*ach!*), macte (*bravo!*) oder ecce (*sieh da!*) – indeklinabel.

intransitiv: Verb, das kein Akkusativobjekt bei sich hat, z. B. dormire (*schlafen*).

Kasus: Fall/Fälle. Ein Kriterium, nach dem Nomen dekliniert werden. Das Lateinische kennt sechs Fälle: Nominativ, Genitiv, Dativ, Akkusativ, Ablativ und Vokativ.

KNG-Kongruenz: Übereinstimmung eines Wortes zu seinem Bezugswort in *Kasus, Numerus* und *Genus*.

Komparation: Steigerung von Adjektiven und Adverbien (*gut, besser, am besten*).

Konjugation: Beugung von Verben.

konjugieren: beugen (u. a. Bildung der Zeiten) von Verben.

Konjunktion: Bindewort, z. B. quod (*weil*), quamquam (*obwohl*) – indeklinabel.

Konjunktiv: Möglichkeitsform des Verbs, z. B. laudet (*er/sie/es möge loben*); (vgl. *Indikativ* und *Modus*).

Konsonant: Bezeichnung für die Buchstaben des Alphabetes ohne Vokale und Ligaturen, also: b, c, d, f, g, h, j, k, ...; vgl.: *Vokal*.

Majuskel: Großbuchstabe, z. B. A, B, C, ...; vgl.: *Minuskel*.

Minuskel: Kleinbuchstabe, z. B. a, b, c, ...; vgl.: *Majuskel*.

Modus: Aussageweise des Verbs (Indikativ, Konjunktiv und Imperativ).

muta cum liquida: Verbindung, in der zwei Konsonanten zur zweiten Silbe gezogen werden. (> S. 10 »Betonung«).

Nomen: im weiteren Sinn der Überbegriff für Substantive, Pronomen, Adjektive und Partizipien, im engeren Sinn nur das Substantiv – deklinabel.

Numerale: Zahlwort, z. B. duo (*zwei*).

Numerus: Zahl des Verbs oder Nomens, entweder Singular (*Einzahl*) oder Plural (*Mehrzahl*).

Partizip: Mittelwort, Nominalform des Verbs. Man unterscheidet PPA, PPP u. PFA.

Passiv: Zustandsform des Verbs, auch als Leideform bezeichnet, z. B. videor (*ich werde gesehen*); vgl.: *Aktiv*.

Plural: Mehrzahl; vgl.: *Singular*.

Pluraletantum: Substantiv, das (fast) ausschließlich im Plural vorkommt, z. B. preces (*Gebete, Bitten*); vgl.: *Singularetantum*.

Präfix: Vorsilbe, z. B. il- (*illudere*), con- (*convocare*) re- (*resistere*); vgl.: *Suffix*.

Präposition: Verhältniswort, z. B. in (*in, auf*), ex (*aus*) – indeklinabel.

Silbe: sprachliche Einheit, in die sich Wörter gliedern lassen. Silben können lang oder kurz sowie betont oder unbetont sein, daher sind sie ausschlaggebend für den Sprechrhythmus.

Singular: Einzahl; vgl.: *Plural*.

Singularetantum: Substantiv, das (fast) ausschließlich im Singular vorkommt, häufig sind dies Eigennamen oder Sammelbegriffe; vgl.: *Pluraletantum*.

Subjunktionen: unterordnende Bindewörter, welche Gliedsätze einleiten, z. B. antequam, postquam oder ubi.

Substantiv: Hauptwort, Nomen, z. B. servus (*Sklave*) – deklinabel.

Suffix: Nachsilbe, z. B. -tor (orator), -trix (ambulatrix); vgl.: *Präfix*.

Tempora: Plural zu > Tempus.

Tempus: Zeit, z. B. Präsens oder Futur.

transitiv: Verb, das mit einem Akkusativobjekt steht, z. B. aggredi aliquem (*jmdn. angreifen*); vgl.: *intransitiv*.

Verb: Zeitwort, Tätigkeitswort, z. B. laudare (*loben*), ire (*gehen*) – konjugierbar.

Verbaladjektiv: ein aus einem Verb gebildetes Adjektiv.

Verbalsubstantiv: ein aus einem Verb gebildetes Substantiv.

Vokal: Selbstlaut: a, e, i, o, u; vgl.: *Konsonant*.

Notizen

Notizen

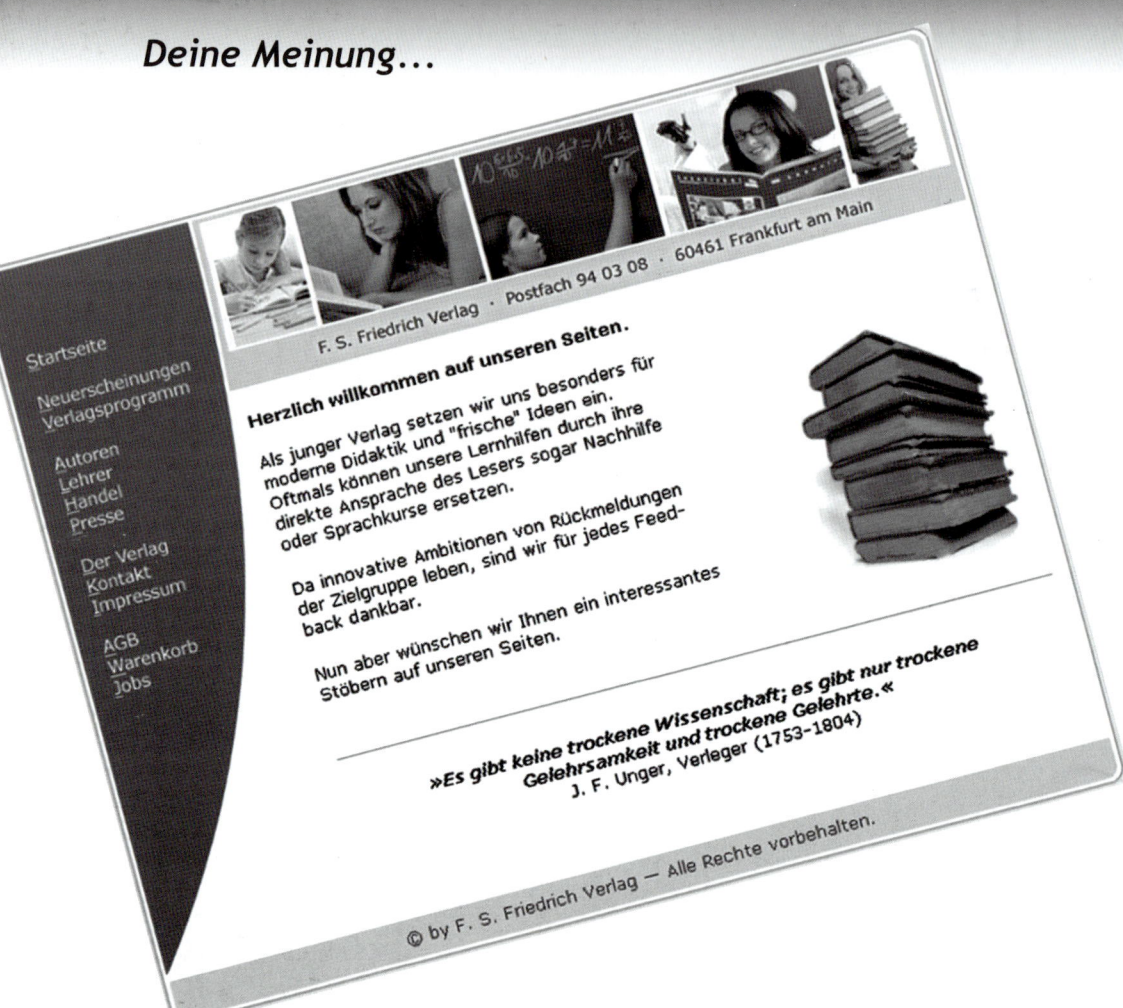

Startseite

Neuerscheinungen
Verlagsprogramm

Autoren
Lehrer
Handel
Presse

Der Verlag
Kontakt
Impressum

AGB
Warenkorb
Jobs

F. S. Friedrich Verlag · Postfach 94 03 08 · 60461 Frankfurt am Main

Herzlich willkommen auf unseren Seiten.

Als junger Verlag setzen wir uns besonders für moderne Didaktik und "frische" Ideen ein. Oftmals können unsere Lernhilfen durch ihre direkte Ansprache des Lesers sogar Nachhilfe oder Sprachkurse ersetzen.

Da innovative Ambitionen von Rückmeldungen der Zielgruppe leben, sind wir für jedes Feedback dankbar.

Nun aber wünschen wir Ihnen ein interessantes Stöbern auf unseren Seiten.

»Es gibt keine trockene Wissenschaft; es gibt nur trockene Gelehrsamkeit und trockene Gelehrte.«
J. F. Unger, Verleger (1753-1804)

Deine Meinung…
…ist gefragt!

Wir haben den ehrlichen Anspruch an uns, dass unsere Lernhilfen den Lernenden eine echte Hilfe sind. Solltest du Wünsche und Verbesserungsvorschläge haben, einen Fehler finden oder auch Kritik anbringen wollen, so kontaktiere uns:

F. S. Friedrich Verlag
Postfach 94 03 08
D-60461 Frankfurt a. M.

www.fsf-verlag.de
info@fsf-verlag.de

Tel.: ++49-(0)69-788 07 660
Fax: ++49-(0)69-788 07 661

Herzlichen Dank!
Dein F. S. Friedrich Verlags-Team